週刊メイキョウ

～高校生と共に～

鈴木明徹

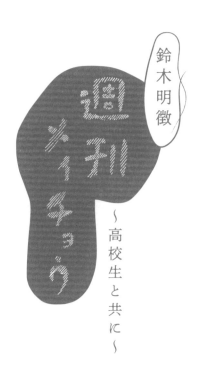

目次

スポーツマンのために……70

静高生シリーズ

メイチョウの哲学入門

週刊メイチョウ
～高校生と共に～

週間メイチョウ　三周年記念号

週刊メイチョウの事

昭和四十年八月、一カ月後に結婚を控え、私は何かそれを転機としてやってみたい、そんな風に考えていました。

文を書くのが好きなせいもあって、生徒に自分の訴えたいものをまとめて発行してみたらと考え、そんな事から用意を始め、九月からガリ版で、ワラ半紙一枚の作文を生徒に配りはじめたわけです。

最初は自分のクラスだけでしたが、だんだん発行部数も増え、いつしか「週刊メイチョウ」という名をつけてもらい、今月で丸三年、一五〇号を数えるにいたりました。

これもひとえに読者諸君の励ましによるものと感謝している次第です。

自発的に物事を行う。私はそれが人間の最高の行動形態だと思います。

現代社会ではだんだんそれがうすれ、決められた事しかやれなくなっており、自発的に何かをやるとかえってはずかしい気になり、今や落ちているゴミを拾う人までが決められているのです。

そんな社会に、ずうずうしく自分勝手に下手くそな文を書いて生徒に読ませている…などというのがいる事も、また良い事なのかもしれません。そして一人でもそれに共鳴してもらえれば、その役目を果したといえるでしょう。

いつまで続くか分かりませんが、これからも続けていくつもりです。

読者諸君が将来、はるかに高校時代を思い出す時、あのずうずうしい奴がよくはずかしげもなく…と苦い思い出に顔をしかめるであろう事を考えると私は秘かにほくそえまずにはいられないというわけです。

一九六五年（昭和40）9月

阿Q正伝

中国が清朝から新しい時代に変ろうとするその混乱期に、魯迅という作家がいた。（一八八一〜一九三六）
彼は古い中国、古い文学、古い思想に対し抵抗し、弾圧にも屈せず、いくつかの名作を発表している。

なかでも阿Q正伝は非常に面白い小説で、当時の古い中国を実にあざやかに皮肉っている。そして同時に私達に考えさせるものも多く与えてくれる。

「阿Q」というのは生まれも素姓もその姓も年令も分からぬ、名前の字すら分かっていない平凡な男のことである。

封建時代には人間にエライ人とエラクない人の区別があってエライ人だけが話題になり、問題にされる。

そんな時代に阿Qをとりあげること自体がすでに痛烈な皮肉であり、Qの文字を使ったことも、古い文字に対する抵抗なのである。

阿Qは土地神の祠《ほこら》に寝泊まりする日雇いの労働者で、農家の忙しい時だけ手伝いに雇われ、他の時には人の話題にものぼらないといったまったく平凡な男なのである。

彼は中国の封建時代の生活習慣を骨の髄までしみこませ、それに対し少しも疑いをさしはさまずそれに従って生きていく男で、エライ人には追従し陰にまわってはその人よりはエライのだといばってみたり、殴られればそのうっぷんを自分よりエラクない者にぶつけていく。だからどんなにいじめられても「今の世はなっていない。」とか「おれの祖先はお前なんかよりずっとえらかったんだ。」といってみたり、通りがかりの尼さんのほっぺたをつねってすぐうっぷんを消化させてしまうのだ。

丁度そんな時、清朝に対する革命の波がこの村にも伝わってくる。

彼は革命というのが「辮髪を切り、いつもおれをいじめた大人《たいじん》達の家財道具を自分が取ってきてしまうことだ。」と思っているからこれは面白いと思う。

そこで「謀叛だ！　革命だ！」と言って歩いては、今まで自分をいじめてきた者達を怖がらせては喜んでいるうちに、革命軍の名を騙ったどろぼうの一味とまちがえられ、革命軍の手で銃殺されてしまうのである。

一つの社会は個人の努力に関係なく多くの人間を、その社会に一番似合った人間像に仕立て上げていく。

この哀れな阿Qも、彼個人が愚かであったからでなく、社会が阿Q的人間像を育てやすいものであったのだ。

魯迅はこの小説で、中国の封建制度という社会が多くの阿Q達を作りあげていることを警告し、その社会に対して責任を問うているのだと思う。

「本当に価値ある小説というものは、永久不滅なものよりもむしろ、他の時代から見れば笑って済ませる事であっても、その時代においては絶対に叫ばずにはいられない事を描いたもののことではないだろうか。」

これは文芸評論家能登正夫氏の言葉であるが、魯迅も、阿Qを作り上げていくその社会に対して叫ばずにはいられなかった。そこにこの小説の価値が存在するのだと思う。

現代は受験地獄の時代といわれている。このような時代からはどんな阿Qが生み出されるか、考えてみよう。

一九六五年（昭和40）10月

なまけものの哲学

我々教師族は生徒からいろいろな質問に悩まされるものだが、中でも「意義論」ほど解答に困らされるものも少なくない。例えば…

「なぜ、学問をしなければならないのですか。」とか、「運動がうまくなってなにになるのですか。」「勉強になんの意義があるのだ！」等々…

だから教師は、汗だくになって学問の意義を説き、あるいはスポーツの良さについて語り、あるいは進学の必要性等について話す。

しかし、一生懸命にやる割に説得力がないのである。

彼らは物事の意義について議論を持ち出してはいるが、たいていの場合、本当の意図は別の所にある。したがって、それについて考える場合には、質問者がどういう心境からそのような質問をするに至ったかという点を分析することから始めなければならない。

つまり、彼らは物事にむずかしい理屈をつけたがってはいるが、要するに彼らは「やりたくない」のだ。

彼らは「学問をやらずにすむ」「クラブ活動をやらずにすむ」「勉強をしなくともよい」という結論を引き出すためにもっともらしい議論をはじめている。そしてその議論がもっともらしければもっともらしいほど、やらずにすむことが権威づけられるのだ。それに元来教師というものは、単純なもので、平凡なミスに対してはきびしく罰するが、意義論には恐れとまどいを感じてしまう。だから意義論を持ちだせばおこられずにすむというものだ。

このように、やらずにすませるために、もっともらしい理屈を考える事をなまけものの哲学と名付けておこう。

しかし、純粋な意義論が重要であることはむろん言うまでもない。

人間が物事を成す時、心からその意義に共鳴し、納得して行動する事ほど力強く、たくましいものはない。

だから、それを成すべきか否か、よく考える事は大切である。だがあくまでも、それは実行をともなっていなければ価値がない。

それが、なまけものの哲学であるか否かは、実践しようとしているか否かによって決まるのであって、その時の理屈のもっともらしさや、言葉の美しさでは決まらない。

また「なまけものの哲学」にあるもう一つの欠陥は考え方に大きなヒヤクがある点である。例えば…

技術がうまくもないのにうまくなった時のことを心配する。勉強の出来ない者が、出来るようになってから考えれば良いことを考える。一年のくせに、三年の時のことを問題にする。

だからうまくなった時、出来るようになった時、始めて分かるような事までを想像する事が出来ないから、導き出せる結論も、低級で安易な結論でしかないのだ。

物事の価値は、とかく結果の価値のみで評価されがちだが、人間に大きな影響を与えているのは、つかまえにくいものなのだが、実はそれを成していく過程の中にあるのだ。

我々はなまけ者になってはならぬ。ともかく成そう。評価を恐れず結果を気にせず、己の信じた道を徹底的に突き進もう。そこに道はおのずから開けてくるのである。

一九六五年（昭和40）12月

創造性を高めよう

人間にとって最大の価値は創造性である。人間が他の動物と区別されるに至ったのは、自分の頭脳や手足で、考え造りだしていったところにある。

道具を使って仕事をする動物はいる。ラッコはヒレで石をかかえ貝を砕くというし、チンパンジーは自転車にのる。

しかし、道具を造りあげる動物は、人間だけだ。

自然界は生物にとってあまりに複雑で大きなものだ。動物のもっている本能や感情は、ただ自然界に順応し、生きのびるためにしか役立つことはない。

自然界に適応できても自然に反逆する事はできない。何故なら自然を知ることができないのだから…。

道具を造りはじめたこと、これが人間の自然に対する反逆の始まりである。道具をつくるためには、それがどのようになっているかを知らねばならぬ。かくして人間は自然界を自己の頭脳の内に反映しうるようになる。（想像力がそれである。）

そして人間は絵や文字をつくり、さらには学問という形で自然界を再生しうるようになった。

現在我々が成している学問は自然界をさまざまな角度から抽象化して机上に取り出したものであり、また、自然界に対する人間の反逆の歩みの集積なのである。

しからば現在我々は何故学ぶのだろうか。

現代文明は、けっして突如として出現したわけではない。遅速の差こそあれ、とにかく自然を知り、人間を知って現代まで積み上げてきたのである。

その進歩の度合、理解力の発達の仕方、学問の難しくなり具合、これらは現在の我々がたどっている幼時から大人に至る時のチエの発達と非常によく似ている。（同時性といおう。）

ただ大きく違う点は、人類の成した数十万年の進歩を、我々はわずか十数年で成してしまう点である。

原始時代の荒地だった脳細胞は長い歴史の進歩によって豊かな土壌となった。我々が短期間に学び得るのも、生まれながらにして豊かな土壌にめぐまれているからにすぎない。

したがって我々は、まず原始時代から現代まで人間がどのように自然を知るようになっていったか、また人間社会を発展させていったかを知らねばならないし、そして大切な事は、そこからさらに、あらゆる分野にわたって未知なる物に挑戦し、創造していく任務があるという点だ。

ある意味では現在我々の学んでいる学問も先人のつくりあげた道具にすぎない。我々はただ、学問という自転車を乗り回すチンパンジーであってはならないのだ。学びつつ、しかも自分にしかないものを、そこから開発していくことが歴史における我々の任務なのだ。

原始時代の人間の頭脳は荒地だった。しかし人間歴史の進歩発展は、それを豊かな土壌に変えた。しかし、我々一人一人が学ぼうとしなければ、ただ原始林が茂るにすぎない。脳細胞の豊かな土壌を、学問というトラクターが耕していく。そこから何を芽生えさせるかが、我々にまかされた課題ではないだろうか。

ボーリング騒動

一九六五年（昭和40）12月

ある市にボーリング場が建設された。さっそく校長会が開かれたが、出席の全員が高校生の入場に反対だった。

「生徒を堕落させる。」　A校長は言った。

「亡国のもとだ。」　B校長は言った。

「純真さを傷つける。」　C校長は言った。

「不良化を促進する。」　D校長は言った。

かくして、高校生のボーリング遊びは全員一致で禁止と決定した。ところが肝心のボーリングがどんなものか誰も知らなかった。そこでとうとう気の弱いE校長が控えめに発言した。「実は、私はボーリングを知らない。生徒の手前実際に見ておきたいがどうだろうか。」皆も多少心にひっかかっていたので全員賛成した。

次の日、校長達はボーリング場に行った。人はまばらだった。だが皆は「思った通りだ。不良化だ。」と発言した。しかし一回だけやってみたらというE校長の再度の発言に皆賛成し、ためしにやってみることとなった。

靴をはきかえボールを持ちステップを切ると彼等は妙な興奮を感じた。乾いたレーンをボールが転がりカランカランとピンが倒れると、彼等はだんだんはりきりだした。

結局皆たいした事はなかったが、だいぶ考え方は変ってきたようだ。

「他の学校ならともかく、私の学校ではこの程度の事で堕落する者などいませんよ。イヒヒ！」ある校長の発言に他の校長達はカチンと来た。「私の学校だって…。」「いや、貴方の学校は…。」かくして大騒動。とうとうおさまりがつかなくなってしまった。「それならもともとボーリングで起った事だ。ボーリングで決着をつけたらどうだろう。」というE校長の発言に、なにがなんだか分からないまま一カ月後、市内校長会大ボーリング対抗ゲームが開催されることになったのである。

各校の校長は、すぐ職員会議を招集し、職務命令によってボーリングのうまい生徒を呼び、そのコーチで涙ぐましい練習に励んだ。学校ではいばっていたが、生徒の厳しいシゴキは、さぞや体にこたえたことだろう。

いよいよ対抗戦の日は来た。各校の校長達につきそった番長が、ゲーム前の注意を与え、肩をほぐし腕をもみ、観客席にはかぎられた各校の応援団と伝令がつめかけ、付近の公園にはその成果を気付かう全市の生徒達が。刻一刻と情報を待っていた。いつのまにかスコアボールドまで出来、黒山の人がそのスコアの出るたびにどよめいた。

回を追うごとにゲームは白熱化した。各校の応援団は夢中でどなり、番長は必死で校長に秘策をさずけ腰をもんだ。

結局ゲームはE校長の優勝で終了したが、各校の応援団は団長が校長を肩車に、校旗を先頭にたてて公園までパレード、待っていた全市の高校生によって、誰が誰とも見さかいのない胴上げが、美しいさざなみのようにいつまでもいつまでも続いたのである。

良い環境は禁止からは生まれない。良い環境をつくり得る者が参加する事から生まれてくるのだ。校長達は現在生徒の先頭に立って料金値下げ運動にまい進している。生徒にとって残された問題は、ただそれだけになってしまったからなのである。

（U市校長会の禁止決議発表を読んで）

すりかえ　　一九六六年（昭和41）2月

松本君は高校一年、バス通学生である。今日彼は学校の帰りに、ちょっといやな体験をしたので、いつも相談にのってくれる隣の山田さんを訪問した。

というのは彼がバスに座っていた時、次の停留所から乗ってきた老人が彼の前に立ったたが彼はくたびれていたので席をゆずろうかゆずるまいか迷っていた。すると老人は周囲の人に聞えるように「最近の若い者は道徳を知らない。」と言った。彼が立ち上がると老人は勝ち誇ったように腰をおろしたのだ。

彼がその話をすると山田さんは、こんな話をしはじめた。「ボクにもこんな思い出がある。学生の頃学割というのがあったが、国鉄は値上げする時、値上げしてすいませんとは言わずに、最近の学生は特権を与えられすぎている、と言ったため学生達はあやまった上に値上げになってしまった。

人間が自分の利を通す時は、もっともらしい言葉や自分ではどうにもならない大きな物にすりかえるものだ。老人は『座りたい』といっても聞いてもらえそうもなかったから君を道徳とケンカさせたというわけだ。」彼はなんとなく分かったような気がしてちょっと安心した。

「世の中にはいろんな事があるのさ。ちょっと理屈をいうと『アカだろう』なんて言って黙らしてしまったり、『女のくせに』なんていうのもそうだろう。子供のケンカにもあるじゃないか『おめえのカアさんデベソ！』といわれて最初の原因が何だか忘れてデベソかどうかでケンカしたりしている…。」

「なるほど、子供のケンカかぁ」

「ところが逆にすりかえが実にむずかしい場合もある。

十八世紀の頃フランスでは、実力を貯えてきた市民達が国王から自分達の利益を守るために『私達のお金を取らないで』とは言わなかった。彼らはモンテスキューやルソーを引用して、『万人は平等である。』と叫び、国王を打ちまかした。これも美しい言葉にすり替えた一つの例だろう。」

「でもその言葉は正しいんでしょう。」

「そうだ正しい。だが正しい言葉を実現するための活動ではなく、彼らの活動に正しい言葉が利用されただけだ。『人は皆兄弟である』と言ったキリストは十字架にかけられたではないか。」

「でもその頃の人にはまだその意味が分からなかったんじゃないの?」

「ではシュバイッツァーをごらん。彼もまた『人間は皆兄弟』と言い、その美しい生涯に世界中が感動したが人種差別は烈しく行われている。

米国の南北戦争も奴隷解放のための戦いでなく南部の奴隷使用という弱点を北軍が突いたにすぎず、リンカーンでさえ『…もしも私が一人の奴隷を解放しなくても連邦を救えるものなら、私はそうするだろう。…』（アメリカ黒人の歴史　本田創造　岩波新書119ページ）といっているくらいだ。だから百年たってもまだ解決されていない。」

「世の中ってむずかしいものですね。」

「そうだね。でも美しい言葉がそのまま実現するような世の中にしたいね。ただ、老人は心からいたわらなければいけないよ。弱い事は事実なのだから。」

彼は道徳という強い言葉には弱いくせに、弱い老人が立っているという事実には強い自分をはずかしく思った。


すりかえ（続）　　　　**一九六六年（昭和41）2月**

次の日の昼休み、松本君は先生の所に行った。歴史上のすり替えの話がなかなか面白かったので、もっと聞いてみようと思ったからである。

三人の先生が在室だったが、歴史の先生で文芸評論でも有名な能登先生は南北戦争やフランス革命の話をしながら、こんな話をしてくださった。

「すり替えというのは物事に対する一つの見方であろうが、そのような関点から見ていった場合、たしかにすり替えと呼ばれるべき事が数多くあった。

例えば中世のころ行われた十字軍の遠征にしても、実は王達や商人達の西アジアに対する欲望が宗教的な旗印にすり替えられてしまった事件だし、中世から近世にかけて起こった宗教改革や宗教戦争も、背後においてそれを支持している者達の利害の対立が、宗教的な差をあおったといえるだろう。どんな事にも論争はつきものだが、それは絶えず内部で解決されたし、されるべきものだと思うが、それが戦争にまで発展していったところに宗教論争を越えた大きな力の対決というものを感じさせるね。

近世では君の言った事件、現代史ではナチスもそうじゃないのかな。自分達の武力浸透をユダヤ人撲滅にすり替えていたし、日本だって大東亜共栄圏なんて夢みたいな話を持ち出していた。征韓論等も国内の不満を外に向けるためのすり替えだったそうだ…。」

すると時事問題の研究家で名高い、工藤先生が横から発言した。

「なるほど、すると今のベトナムの北爆なんかもすり替えかもしれないな。

世界の動きを見ていて、ボクもよく感じていたんだが、ケネディさんが暗殺された時アメリカ国民は、国家の問題として考えなければならないのに狂人のやったこととして片付けてしまったし、日本でも浅沼さんが暗殺された時、何故そのような事件が起ったかを考えなければならないのに、現実に対する分析は行われずに「子供に刃物を持たせない運動」が行われたし、スターの家のお手伝さんが赤ちゃんを殺した事件が起きた時も、当然華やかなスターと、社会から忘れ去られているお手伝さんというものとの関係が問題にされるべきなのに「だから親子三人が川の字になって寝るべきだ」などという論説がでてくる。

こんなところから考えてみると、なにか一般の人達に知ってもらいたくないなにものかがあるような気がしてしかたがないんだ。」そこで松本君は聞いてみた。「すり替えがない場合はどうなのですか。」能登先生は答えた。「すり替えのない時は実に美しいか、もっとみにくい。キリストは自分の考えた通りに行動した。シュバイッツアーもそうだ。しかし逆に、よくもぬけぬけとそんなことを…というような事だって多いね。実例はあげないがよく考えてみてください。」すると今まで黙って聞いていた物理の小柳先生が横から発言した。「その点自然科学は良いね。すべてかけひきなしに法則通りいくからね。」するとエ藤先生も「だから社会科も社会科学としてとりあげるようになってきたわけでしょう」といった。

彼はもっともっと歴史というものを学ぼうと心に決めてそこを出た。

甚六と末っ子

一九六六年（昭和41）3月

現代教育の問題点、それは決して非行の問題ではない。我々教師を苦しめるのは、実は「長男（長女）」や「末っ子」達なのである。

長男や長女。これらは人類の内に属していない。なにしろ彼らはまったくのんびりしているし、やることはことごとく失敗するし、ボワッとしているし、ボヤボヤしていて抜作だし、顔にはしまりがないし、お金の使い方もルーズだ。学校の階段をふみはずすのはたいてい長男だし、お皿を割るのはだいたい長女だ。（一九六五年の総理府統計局の集計によれば長女と次女のお皿破壊率は五対一。また戦後から長男の率も大きく増加しているという。）

そのくせ親からは期待されるから、いばるし、大声でどなるし、下の者を虐待するし、いらいらして神経質になるのもいる。そのくせ弟たちにおやつをごまかされて少しも気付かないのだ。

次に末っ子。これも人類の範疇《はんちゅう》には含まれない。（単細胞動物の突然変異かとも考えられる。）これもまたやっかいなしろものだ。わがままでいいたい放題のことを言うし、あまったれでデレデレとすぐまつわりつくし、身勝手で他人はすべて己のためにのみ存在すると考えているし、そのくせ、まだ臍《へそ》の緒《お》で母親とつながっているから、一人で物事がやれない。それを親がうれしがって手伝っている。子供が片輪になるのをよろこぶ親も親だ。宿題も大抵親がやり子供がサインして出している。

だから仕事はのろいし中途半端だし、ムードで動くからその日のごきげんでやったりやらなかったりするし、気分がよければ歌も出るが、悪ければすぐ物を投げつける。ところが末っ子の、もう一つの型はもっと悲劇的だ。ただでさえ上の方に圧力団体がひかえているから、絶えずそこから逃げだすことばかり考えている。なにか言われまいかと防御本能を研ぎ澄ませているから、とっさに出る言い訳は実にうまい。体調のせいにするのは大抵末っ子だ。他人には腹痛かどうかなんて分からないからだ。それが出来なければ逃げ出せば良い。家出人には末っ子が多い。雲隠れもうまいし逃足も速い。東京オリンピックで優勝したヘイズも末っ子だった。

だから一人っ子ときたら…　ああ！　しかし統計によれば95%までが長男（女）か末っ子であるというから教育が並大抵ではいかないのも分かるというものだ。ところで次男（女）はどうか。彼らはまさに悲劇の人類である。親の愛の暗い谷間にいる彼らは自らの手で獲得していかねばならぬ。ライバルを倒せ！　だから兄キのミスは大声でいいつけるが、自分は殆どミスをしない。要領はいい。ひがみっぽい。むりもない。親の愛からフラレル心配を持った唯一の人類なのだ。

このように子供の性格形成に親の扱い方が大きく影響する。長男（女）は、親が不慣れだし、ライバルで先生でもある上がいないからノンビリで無器用だ。そのくせ期待が大きすぎるといらいらする。末っ子もあまやかされるタイプと、上の者のうっぷんのはけ口になるタイプで変わってくる。

要は親が自己の感情を制禦《せいぎょ》しつつ子供に愛を分かち与える事がカギのようだ。

群《むれ》の社会　　**一九六六年（昭和41）3月**

人間は社会的動物であるとよく言われるが、だれもがそれぞれ属する集団を持っている。

動物達の群の社会にはボスとか若大将とか、三枚目とか、いじめられ役とか、仲間はずれの役がある。無論人間は猿の集団とひきくらべる事は出来ないだろうが、人間の社会にもそれと似かよった現象のある事は、だれもが認めることであろう。

人間が理性的に集団を作る時はこのような状態は見られないが、不安な状態で集まったり、警戒していたり、劣等感を持って集まった集団はしばしば原始的な群の社会の法則で再編成されるのである。

群の社会にはどのような役割の者が必要なのか私には分からないが、カブキにでてくる、二枚目、三枚目、といった役は、おそらく人間が作ってきた社会集団の中に生みだされる人間像の象徴であると思われる。つまり本能によって運営される群の社会は、個人の意志とは無関係にそのポストに人間をはめこんでしまわずにはおかないのだ。

何人かの人間達が不安な気持を持って集まったとしよう。彼らは無意識のうちに相手に探りを入れ、自分と相手とをひき比べる。そしてだんだんと優劣がきまってくる。かくして無意識の心理戦争に勝ち残った者がボスの地位を獲得し、ある者は道化役にその生きがいを見出し、ある者は陰の内閣を組織し、ある者は本当に残念なことだが仲間はずれにされて孤立していってしまうのである。そしてその集団はまるく収まるというわけだ。

しかしながら集団というものは不変でいるとはかぎらない。皆がバラバラになって、他の者とまた新しい集団をつくることもある。するとまた新しい心理戦争が巻き起こされ、新規のボスや三枚目、孤立した者やいじめられ役が決まっていく。そしてそれぞれが自分の役を果すようになって安定した群の社会が築かれるのである。

そこで静高の場合を考えてみよう。静高生は中学時代にはおそらく二枚目として、ボスとして君臨していたことだろう。ところが、そのボス達が集まって、また新しい集団をつくった。

群の社会においては役割をきめずにはおかない。かくしてボス達は新しい役割へと散っていったが、昔がエリートであっただけに自分の新しい役割が耐えがたい者も多かったろうし、ショックも大きかった事だろう。

エリートばかりが集まっているのに進学率がはかばかしくないのも、実はこの群の社会が持っている宿命的ともいえる淘汰の法則を把握し、対処しようとしていないからである。

しかしながら、学校は原始集団ではないはずだ。学校集団は本能によって支配され、編成されるべきものであってはならない。すみずみまでが、理性によって支配されるべきなのだ。全員が二枚目であるべきなのだ。

それには第一に、集団にはそのような現象があるという事を知り、周囲に対する無意味な不安感や警戒心をなくし、すべてをかけがえのない友人として尊敬し、いたわり、共に歩むことだ。
　そしてこそはじめて、静高にすばらしい発展がもたらされるであろう。

一九六六年（昭和41）9月

印高祭を成功させよう

静高生諸君！　いよいよまちにまった印高祭がやってきた。それを迎えるにあたって、我々がどのような心がまえをもつべきか考えてみよう。

諸君！　我々が自らの手で多くのものを成し遂げるという事、こんなにすばらしい事が他にあるだろうか。これこそまさに我々の権利とよばれるべきものなのではなかろうか。しかし現在、社会の中で高校生が獲得している権利に一体どんな事があるだろう。自主的に学ぶ事ができるだろうか。自主的に社会へ参加する事ができるだろうか。国づくりに君達の、学校づくりに君達の意見が反映しているだろうか。その答えはすべて、ノーである。

静高生が現在獲得している権利、印高祭は正にその残された最後の砦《とりで》なのだ。我々はなんとしてでも、我々の手中にある数少ないものを失ってはならない。それにはこの印高祭をどうしても成功させる事なのだ。

演技はつたないかもしれない。競走には負ける者も出るだろう。展示だって、専門家のものに比べれば、つまらないものに見えるかもしれない。

しかし静高生諸君！　高校生の祭典は高校生全員が心を合せて盛り上げていくところに価値があるのではないだろうか。演技者は全力をしぼり、聴衆はその演技がよりよく演ぜられるために心から同情し、協力していく。そこに意味があるのではないだろうか。観客席が暗いのは、演技者の演技を引きたたせるためであって、決して我々のひやかし、うっぷん、人を傷つけずにはいられない気持を満足させてくれるためではないという事をよく考えよう。

ローマの民主々義は、おろかな民衆によって滅びていった。

静高生のもっている民主々義の最後の砦であるこの大切な印高祭を、おろかな一人の生徒によるおろかな行為によって失うことのないよう、皆でいましめあい、皆で励まし合って、笑う時も、泣く時も皆でやるのだという気持を決して忘れる事なく、なんとしてでも、この印高祭を成功させよう。そして岳南健児の団結と意気を、ここに示そう。

印高祭バンザイ。

卵かにわとりか

一九六七年（昭和42）2月

諸君！　卵とにわとりはどちらが先だと思いますか。にわとりがいなければ卵は生まれない。だが卵がなければヒナはかえらない。卵かにわとりか？

それに対して君達は言うだろう。そんな事は水掛け論だから生物学者にでもまかせておけばいいんだ、と。

無論この問題はどうでもいい。だが我々のまわりには一見、水掛け論のようにみえてどちらが先かが大切な問題が数多く存在するのだ。というのは、どちらが先かによって対策が反対になってしまうからだ。

例をあげてみると「世の中が乱れるのは若い者がだらしないからだ。」という意見がよく出る。

若い者が世の中を乱している事実もたしかにあるだろうが「乱れた社会がだらしない若者を生んでいる。」からかもしれない。結局は同じ事のようだが対策は正反対になる。前者なら若い者を締め上げるだろうし、後者なら社会を良くしていくようにするだろう。

また「女性は男性より劣る人間だから社会に進出できないのだ。」とか「女は結婚して家庭に入っていれば良いのだ。」といった声もよく聞かれる。女性が男性よりも社会的に今なお低い地位にあるのは事実だが「女性は本来劣る者であるから社会に進出できない。」のか、「進出をはばまれ、無知を強いられてきたから低い地位にあまんじている」のか。前者なら女性の向上はあり得ないが後者なら社会へ参加していけば、向上していくことだろう。

人種差別にしても同様だ。ユダヤ人は「劣等民族で人間がずるく、ケチだ。だから差別され、嫌われる。」という事らしい。だが「差別されたから、金を貯める事でしか社会に参加する事ができなかった」からではなかったか。そして日本における朝鮮民族、アメリカやアフリカの黒人の問題も同じ事だ。

差別は、差別される側に欠点や、いやしむべき点があるからではない。差別する側が心のゆがみを育てられる社会的な問題をかかえているからだろう。

物価問題にしてもそうだ。「物価が上がるのは労働者がデモをして賃金を上げるからだ。」という意見と「物価の上昇に賃金の上り方が追いつかないからデモをやるのだ。」という意見が対立する。もし前者ならデモをやめさせようとするだろうし、後者なら別の原因を追求するだろう。

また、テレビや映画、小説やマンガがどなる。「正義は勝つ！」だが歴史をふりかえってみると、正義だから必ず勝つのではなく、勝った奴が自分の立場を正当づけているだけらしい。正義が勝つのではなく、勝つ事が正義という事なのだ。（白土三平哲学バンザイ）

このような一連の事実は我々に貴重な教訓を与えてくれる。すなわち「我々が信じている事が、実は正反対であるかもしれない。」という教訓だ。

現在の社会に慣れきってしまうと、なかなかその社会の欠点には気付かずその社会によって自分がゆがめられていても、その目からは、まともな人間がゆがんでみえるものだ。

我々は絶えず反省し、弱い者の側から考え、幅広くながめ、歴史と照らし合わせ、正しい結論を下していきたいものだと思う。

一九六七年（昭和42）10月

レッテル

先日、新聞に奇妙な事件の記事が載っていたので紹介しよう。

記事の内容は「東大生と慶大生の二人が、質入れした自分のマンドリンが流れてしまうのを残念に思い、すでに決定していた自分の就職先から金庫を盗み出した。ところがその金庫がどうしても開かないので自分の乗用車で返しにいく途中、警戒中の警官につかまり尋問されたところ、返せば良いだろう！　といったという」のである。

そしてさらに慶大生の父親は検事正であるともそのニュースは報じている。

無論この記事に伝えられている彼らの無責任さ、非常識さにはおどろくし、それらに対して少しも弁護してやろうとは思わない。彼らはそれなりに厳しく批判されるべきであろう。だがそれはそれとして、我々が深く考えていかなければならない事もあるように思う。

新聞や週刊誌にみられる論調は、一致して「東大生や慶大生がそんな犯罪をやった。」というふうに描かれており、それが国民の多くの者の心に共感を与えている。別に東大生や慶大生も犯罪を大いにやれというつもりは毛頭ない。問題にしたいのは、東大生なら犯罪をするはずがないのに…と考えている点である。東大の入試の成績がいつから道徳の基準になったのだろうか。むしろ入試の難易が人格の高さを示していると考えている我々の方にも問題がある。「東大生と慶大生が犯罪！」という文字のうらにあるものは「東大生や慶大生は犯罪をしないのに…」という事を言おうとしている。その考えのうらは、恐ろしい事だが「××大学なら犯罪をしても当り前なのに…」という考え方につながるのである。

諸君！　おどろくべきことではないか。今や日本では、犯罪をする人の行く大学が決まっている事になるのだ。

このような先入観を持っているかぎり、入試制度は少しも改善されないであろうし、本来は東大そのものが批判されるべきなのに、このような見方が残るかぎり東大は犯罪者を生まない大学として、いつまでも美命を保っていくであろうし、このような事件はかえってその名を高めてくれる事にさえなるのだ。（安心したまえ、世界的な悪事は殆どが東大出によって行われているのだ。先の記事にある「東大生が犯罪を…」の本当の意味は東大生のくせにそんなチャチな事をという意味さ）

次に同じように問題になるのは「犯人の父親が検事正だ」という点だ。親と子がちがうのは無論の事だが、日本全体として考えた場合、検事正の子供が犯罪をするのがおかしいというのなら、子供が犯罪をおかす親の職業が決まっているとでもいうのだろうか。

もしそうだとしたら、そのような職業のある事、そして我々がそれを平然と認めている事の方が問題ではないだろうか。

我々は、入試の大きな波の中に巻き込まれてしまった時、とかく持ちたがる錯覚「試験の点の良い奴が頭の良い奴だ。人間的に高いのだ。」ということをなんとしてでもふり払わねばならない。

人格的な高さや人間の価値は、頭の良し悪しや、どこの大学か等では決まらない。あくまでも本人の生き方で決まってくるのである。

高級駅弁

一九六七年（昭和42）12月

我々の生活にはいろいろな注意がついてまわるものだ。そして幼い頃からその注意を守るよう教えられてきた。

ところが、実際に一つ一つの注意をよく見ていくと、案外注意になっていないものが多い事に気付く。

「勉強しろ！」「ファイトを出せ」「なんでこんな事が分からないのだ！」「若さでいこう」「いい子だから…」「えらくなれ！」「数学が悪いから、数学をしっかりやれ！」「頭を使え」ひどいのになると「何故そんなに頭が悪いのだ！」……

このような言葉は家庭に学校に、それこそ星の数ほど乱れ飛んでいる。

だが、これらの言葉が、一体どの位役に立っているだろうか。

ここにあげた言葉は、いずれも具体性がないという点で共通している。

「勉強せよ」「数学をやれ」「頭を使え」…これらの言葉には、どのように問題をとらえ、どのように解いていけばよいかという具体的な注意がない。

つまり一番大切な部分を、それが分からないために困っている者に考えさせようというのだから問題の解決に少しもなっていない。「数学をやれ」ではなく「どのように数学を解いていくか」という注意が必要なのだ。

「ファイトを出せ」「若さでいこう」これらも言葉としては面白いものだ。何かを成そうとする時このような言葉が口をついて出るが、それがまことにタイミングの良い場合もある。

しかし、何を成すべきか分からない者にとっては、この言葉も実に無意味なものでしかない。

「ファイトを出せ」「しっかりやれ」この言葉は、物事がスムーズに行えない人、だらしない人に与えられる言葉だ。しかし物事を集中して行う事ができるようになるという事は、精神的なものばかりではない。集中できるような体を作る事もきわめて重要な事なのだ。

このように考えていくと、我々のまわりに乱れ飛ぶ言葉の多くは、実は具体的な解決法を示したものでなく、単に、相手に対する自分の希望や期待といったものをつぶやいているだけだということになるのだ。このような言葉「もっともらしいが、実は何も内容のない、役立たない言葉。」の事を「高級駅弁」というのである。

このような言葉は我々の身のまわりだけでなく、オエラ方の中にもある。

国会の答弁等を聞いていると、その時は何となく分かったような気がするが、後から考えてみて、だからどうなんだと思うと、はじめて何も内容がない事に気付くのである。ニュース解説等でも「…故に平和を願わずにはいられない」等と言ったりしているが、これとても、ではどのようにすれば平和になり、我々がどうすればよいにか、という事は少しも言わないのだ。

我々にとって必要なのは、どのようにしたらよいかという事を具体的に示してくれる言葉ではないだろうか。

美しい言葉、自分だけで満足している言葉ではなく、その言葉からすぐ、実行にうつせる具体性を含んだもの、それによって我々が向上していく事のできる言葉、それが生きた言葉であり、我々に必要な言葉なのである。

円谷とハンセン

一九六八年（昭和43）1月

東京オリンピックのマラソンで見事銅メダルを獲得した円谷選手が自殺したというニュースは、日本ばかりでなく全世界に大きなショックを与えた。

そして日本におけるスポーツのあり方に大きな反省の声があがっている。

円谷選手は東京オリンピックで三位に入賞して以来、周囲の「メキシコではぜひとも金メダルを」という声にかこまれながら、厳しいトレーニングに励んでいた。だが無理な練習がたたって腰を痛め、さらにはランナーの心臓とも言うべきアキレス筋も痛め、全治後も思うように記録が伸びず、メキシコ大会は目前にせまり、そのアセリと周囲の期待の大きさ、さらに自衛隊体育学校という特殊な環境などが重なってついに自殺してしまった。

その遺書に「もう走れない！」と書いてあったという。まさに彼の悲痛な心の叫びであったというべきであろう。

走れなくなった、だから死ぬ。彼にとってランニングは人生そのものだった。そしてこんな時、私は同じ東京オリンピックの棒高跳びで見事逆転優勝したハンセンを思い出すのである。

棒高跳びは三時から始まり延々数時間、九時近くになってドイツのラインハルトと彼の二人が勝ち残った。

五メートル五をラインハルトは越えたが、ハンセンはパス、五メートル一〇に挑んだ。ところが二回とも失敗、最後の三回めをむかえた。もしこれも失敗すれば五メートル五をとんでいないので自動的にラインハルトの優勝となる。もし破れれば常勝のアメリカが初めて他国に優勝をゆずる事になるという責任。長時間にわたった競技による疲労、すでに二回失敗している不安。彼はおそらくそれらによる重圧を心に感じていたであろう。だがそれをはねかえして、彼は見事に成功させるのである。

そのすばらしい跳躍。不屈の精神力。彼は全世界の人々から絶賛をあび、スポーツ界のヒーローとなった。

ところが彼は大会後、そのような名声や次の大会でも、というような期待等には少しも未練をのこさず、あっさりと引退。専門である医学生の道の方を歩むことになるのである。

彼にとってスポーツは人生そのものではなかった。少なくもポールをにぎっている時は、彼の人生がスポーツそのものであったにちがいないが、ポールを手から離した時、彼には別の人生があったのだ。そして彼は、スポーツというものが、その別な人生、おそらく一生続けるであろうその別な人生をよりたくましく、より健全にしていくためにあるのだという事、スポーツの意味、スポーツの限界をよく知っていたのである。

彼は再びバーを越える事は、もはやないであろう。しかし彼は医師として助かる可能性の少ない患者を、逆転優勝したその不屈の精神力をもって救っていくにちがいないのである。

彼にとってスポーツは完全に自分のためのものであった。国のためや民族のため、あるいは円谷のように強い自衛隊というイメージを作るためにスポーツをやったわけではなかった。そしてそれで良いのだし、そうあらねばならないのだ。日本人はこれを機によく反省しなければ彼の死はムダになるのだと思う。

社会に目をむけよう

一九六八年（昭和43）1月

ある人が誰も住んでいない田ンボの中に家を作って住みついた。当然道路は舗装もされずにドロンコのままだ。

だが彼は少しも怒らない。何故なら彼は「そんな所に勝手に家を作ったから仕方ない。」と思っているからだ。

ある会社につとめている婦人が赤ちゃんを産むために産前産後の休暇を取ったとする。会社はそれを喜ばない。何故なら「彼女が勝手に子供を産むのになんで会社が負担をしなければならないのだ。」と考えるからだ。

またこんな事もあった。道路で遊んでいた子供が電柱の電球めがけて石を投げ始めたがそばにいた母親は何も注意しようとしなかった。通りかかった人が見かねてその子に注意したところ、その母親は「貴方はおまわりさんか」と、くってかかったという。

これらは内容こそちがえ、その底に共通な日本人の物の考え方が潜んでいるような気がするのである。

すなわち、自分達が社会を作っているのだという気持、あるいは皆が大切な社会の一員であるという気持が著しく欠けている点である。

田ンボの中に住みついた人は、税金を納めていないだろうか？　義務をまっとうした者が権利を主張できるなどという事は、アメリカの独立宣言以来の世界の常識であり、もしお役所が「勝手にそんな所へ作ったから悪いのだ。」などと発言したのなら、それは為政者自らが、その土地の中に支配の及ばない地域のある事を認めた事になるのである。

また、女性の休暇を喜ばない会社は、その女性の産む子供が、その女性の子供であると同時に社会全体の共通の、かけがえのない財産なのだという事を考えようとはしていないし、母体を良い条件のもとに保護する事が、実は、明日の社会をよりよくするための大切な社会的義務であるという考え方も、少しもしようとしていないのだ。

ましてや、電球に石をぶつけていた子供やその母親の態度等はいうにはおよぶまい。社会的な責任のなさの典型といえるだろう。

このように日本人の生き方には、まだ社会に対する強い連帯感や社会を自分が作っているのだという自覚、あるいは権利意識や義務意識といったものが育っていない。

それは日本の歴史の流れに大きな責任がある。歴史の中で一般大衆が自らの手で社会を作り上げたのだという気持を持った時代は殆どなかった。

明治維新も一般大衆の手で勝ち取られたものではなく、単に上の人達によってさずけられたものであった。

第二次大戦の終戦も、日本の一般大衆によってなされたわけではない。上の人の命令によってなされた戦争は米軍の手によって平和にされたわけだ。

だから我々の関心は社会をとびこして自分の家の事だけになってしまい、社会を作る喜び、社会を良くする喜び、社会的な悪に対していきどおる心得が実に弱い。とくに最近の発達した消費文明がなお、個人の楽しみに人々を追いやってしまい、黒い霧や世界の悲惨さに目を向けようとしない者も多い。

我々はもっと社会に目をむけよう。そして連帯感と権利意識に目ざめ、皆で向上していかなければならないのだ。

週刊メイチョウ　四周年記念号

このガリ版随筆も始めてから四年になりました。いつしか週刊メイチョウとよばれるようになり、私自身大変うれしく思っています。

この四年間にいろいろな事がありました。社会一般にも私自身にも。このような激しい社会の流れの中にあって生き抜いていくためには、激しいからこそ、変化が大きいからこそ、落ちついてじっくりと考える事が大切なのだと思います。

けっしてあせらず、けっして偏狭にならず、幅広く、いろいろな人の、いろいろな物の考え方が理解できる高いレベルの高校生であってほしい。そのためになんらかの参考になればと思っているわけです。

これからもなんとか続けていきたいと思っています。楽しい有意義な高校生活になるよう、これからも皆でがんばっていきましょう。

コマーシャル

現代はコマーシャルの時代であると言われている。たしかに我々を取り巻いている環境はそれを充分感じさせてくれる。テレビ、ラジオ、新聞、雑誌、街頭広告、チラシ、これらが我々を取り巻いているのである。

過大広告の取り締りはむろん日本でも公正取引委員会等で行われているが広告そのものを禁止しているわけではない。だから当然広告によって我々が影響される面が、数限りなく生じてくる。したがってこのような広告の嵐、というよりは消費文明の嵐の中で、よりよく生き抜いていくためには、広告というもの（それを通して商業主義というもの）をよく理解しておくことが大切なのである。

広告は商業主義の表面に現れている部分であるが、その本質が「売るため」であることは言うまでもない。

「便利にするために」とか「貴女を美しくするために」等と言ってはいるが、実はそんな事はどうでも良いのである。ただ、そう思わせて買わせれば良いのだ。

我々に物を買わせるためには第一に買いたくなる気持をそそらせる事だ。

そのためには、商品の色がキレイだったり、形がカッコ良かったり、珍しかったりする事もむろんだが、それにもっともらしい言葉がつけばなおさらだ。「貴方の健康に」「貴方を美しく」「大変便利な…」「大変お安く…」「大変お徳用で…」こう言われると、買わなくても良いものまで買ってしまう。そして家に来てから、何故こんな物を買ったのだと考えたり、一、二回使ってそれきりになる事もしばしばである。

しかし、もっと面白く、しかも高級な広告技術は、我々の「買わなくても良い」あるいは「買ってはならない」と思いこんでいる気持を失わせてしまうためのテクニックである。

エスキモーに電気冷蔵庫を売ったセールスマンがいたそうだが、彼は「肉が固くならないから」といって売り込んだという。これなども「買う必要がない。」という気持を失わせた面白い例であろう。

人間にはだれでもそれぞれ頭の中で感じとった道徳観（買ってはならぬと思わせる気持ち）や季節感などの先入観（買う必要がないと思い込んでいる気持）がある。日本のように封建制のなごりがのこっている所では特にそれが多い。

しかしそれがあっては物を売るのに非常に不都合であるから、広告はそれを打ち壊していくのである。

だから夏の物だと思っていた物を、冬でも使うようになり、女性用だと思っていた物を男性が使うようになり、学校内で禁止されてきた物も広告で堂々と行うようになってくる。こうして商業主義は男女の区別や、季節感やルールや、道徳観を混乱させ、マヒさせ、識者の眉をひそめさせ、無知なる者を踊らせ、もっともらしい議論を巻き起こし、着々と売り上げを伸ばしていくのである。

現代の混乱の大きな原因は、これらコマーシャリズムによるものが大きい。これによって大量の人間が動かされている事を知る時、少なくも我々だけはその中におぼれることなく生きたいものだと思うのである。

季節感の混乱

我々が最近よく感ずるのは季節感の混乱である。

日本のように四季の区別があり、しかも長年その四季に密接な関係を持つ自然産業にいそしんできた民族の生活にはおのずから、四季感が多く取り入れられていた。しかし最近の季節感の混乱はどうだろう。季節は変わらないのに季節感は混乱している。だから明らかに人間が混乱させているわけだ。

季節感は人間に習慣を与える。しかしそれは、他の季節には使う必要がないという気持ちをも植え付ける。

現代の商業主義からすればそれでは困る。他の季節の時には売れなくなるからである。だから他の季節にも買ってもらえるような工夫が必要になる。

冬のビール広告は「暖炉の前で冷たいビール」。明るく輝く暖炉の前で汗ばむ人が白い泡のこぼれるビールをグッと…。これで夏の飲み物だと思っていたビールが冬にも売れるというわけだ。（馬鹿な奴は暖炉まで買ったりする。）アイスクリームやコーラも同様である。

逆に冬の物はどうだろう。私など冬にも着れないセーターも最近ではサマーセーターなんていうのがでている。サンドスキーなども流行してきた。

果物や野菜等を見てもその感を深くする。トマトやキュウリなど何時でも得られる。（もっとも農作物の場合はそうしなければならないつらさもあることを言っておかねばなるまい）

昔は俳句の季語になっていた植物や動物、年中行事なども今は本当に混乱してしまって、いつのものかはっきりしなくなっている。

先から述べているように、商業主義は、消費者の常識を絶えず混乱させ、新しい常識を作り出していかねばならぬ。だから今まで親しまれてきた季節感はじゃまなものとして取り外されていく。

しかしながら今度は逆に、今までは夏とか冬に全然関係なしに使用されてきた物には季節の区別が出来てくる。

一年中、一つのもので過ごせる物でも、夏と冬の区別があれば二つ買うようになる。決まっている事は混乱させ、区別のなかったものには区別をつくっていく。常識とあべこべだと考えれば間違いない。これが商業主義の常識というものなのだ。

しからば後者にはどんな例があるか。静岡に関係の深い物でサンダルがある。最初はただちょっと気軽につっかけるだけのものが、今では毛皮をはった冬用のものがでてきている。そして我々の身のまわりを見ても、かなり色々の物が夏と冬の区別を持っている。

洋服の区別がそうだとは言わないまでも、バンドやクツ、ボウシ、ハンドバッグ、ネクタイ、化粧品にもある。

これらは今でこそなんでもないが、初めて夏と冬の区別が出てきた時には、なんでこんな物にと思った人も、中にはいたことだろう。

そのうちに、夏用のホウキやハタキ、冬用のガムやハナガミ、春用のインクなんかがでてくるようになる。

我々が季節の与えてくれる物からでなく、サンダルやハンドバッグからしか季節感を感じられないようになったとしたら、芭蕉や蕪村になんと言い訳をしたらよいのだろうか。

先入観の混乱

我々の身のまわりには、社会環境の中で作り出された約束のようなものがある。そしてその内容が正しいか否かに関係なく、停滞した社会においてはそのまま残っていくものだ。

例えば「酒やタバコは男が飲む物。」とか「化粧品は女性がつける物」…といった具合だが、売る方にしてみれば非常にジャマな約束だ。コマーシャルは、こんな所から混乱させていく。

「酒やタバコは男が飲む物」

どういうわけか知らないが、今まで酒やタバコは男が飲むのが常識になっていた。おそらく古くからの家長制度に関係があるのだろう。

しかし売る方としてはこれでは困る。何故なら10本吸う人に20本吸うようになってもらうより、吸わない人が10本吸うようになってくれる方が簡単で、しかも売り上げがずっと増えるはずだ。そして吸わない人というのが、つまり女性だったというわけだ。女性こそが大量に開拓できる市場なのだ。だからタバコ屋の広告は女性が美しいポーズでタバコを吸っている写真ばかりだ。

酒もそうだ。男女が乾杯する場面がよく出てくる。そんな所から常識がほぐれ、軟派は「最近は女性だってお酒を飲むものですよ」と無理にすすめ、硬派は、タバコをふかす女性に眉をひそめて「近頃の女は…」と言いだすわけだ。

「化粧品は女性のもの」

これだって同じ事だ。クリームを一つ使っている者にもう一つ買ってもらうより、使っていない者に使ってもらう方がよく売れるに決まっている。

だから数年前までは信じられない事だが現代には男性用化粧品が豊富に出まわっているのだ。

それればかりではない。老人用、幼児用、乳児用、中年用からさらには女学生用なんてものまで出回ってきた。
こんな風に今まで使用していなかった者を対象に商品は増えていくわけである。（そのうちに教師用ドーランが売り出されるようになる。）
「学校生活と校則」
生徒諸君が日常生活に直面した時、しばしば気付く問題は校則と社会生活とのジレンマであろう。
学校生活は集団生活の訓練である。したがって克己心《こっきしん》にうったえるルールが多い。（なしで済ませる訓練である）
例えば、物を食べてはいけない。華美な服装はいけない。頭髪。遊技場に出入りしてはいけない。学用品以外持ってきてはいけない…等々
しかし商業主義から考えると、このような校則では困る。何故なら生徒は大部分の時間を学校内で過しているわけだから…。そこで美しく化粧した女学生の広告がでたり、カバンの中にチョコレートが可愛くのぞいている写真が出たりする。そして生徒部の先生が頭を悩ますというわけだ。

むろん教師の側にも気を付けなければならない点がある。商業主義のカラクリを知らない者は単に「最近の子供は、ぜいたくになりおって…。」と考えがちだから…。しかし、これだけはみんなで断言しよう。「学校は決して消費文明の実験場であってはならぬ。」ということを。

売りこむ工夫

○ 品物が長持ちしないと消費者は買わない。しかし売り手の方としては、あまり長持ちしたのでは困る。そこから「流行」が考え出された。使えなくなるのは売り手の責任だが使わなくなるのは消費者の勝手というわけだ。

○ エスキモーに電気冷蔵庫を売るには「肉が固くならないから」と言えば良いとはこの前の話だったが、黒人に眉墨を売りつけるにはどうすれば良いか知っていますか。答えは簡単、色の白くなる化粧品と一緒に売れば良い。(パーマネント屋さんにはちぢれた毛をのばす薬がおいてある。ちぢれ毛をのばしてからまたちぢらすというわけだ。)

○ 「どんなに飲みすぎても大丈夫」体を悪くさせて良くなる薬を売る。冬の冷たい飲み物は、体を温めてから買わせることだ。「暖炉の前で冷たいビール。」

○「一軒でテレビが二台の時代になりました。」うそをつけ。一軒でテレビを二台持ってくれないと困る時代になったくせに…。

○各社競ってのテレビの売りこみ合戦。最新型がどしどし売り出される。全家庭に行き渡ったらどうするか、心配御無用、その時のためにカラーテレビがとってある。あれだけ最新流行型だと売りこんだくせに、カラーテレビが出てくれば各社口をそろえて、きっとこう言うだろう。「白黒テレビはもう時代おくれ…」と。

○大量療法というアイデアが製薬会社を経営不振から救ったという。最近は経営が処方箋を書く時代なのだ。

○ある化学調味料の会社が数年前売り上げ増加のアイデアを社内募集した。一等はサジを大きくする事だった。現在はふりかけ型になっている。

○テレビが売れなくなったらカラーテレビが徹低的に売りこまれるだろう。それも売れなくなったら、立体テレビやワイド型、匂いの出るテレビ、ステレオ型、さらには置物になるような豪華なものがでてくる。そしてテレビ産業はつぶれていく。（予言者！とんでもない。ただ映画産業のたどっていった運命をそのままテレビにあてはめてみただけのことです…）

○　製品は絶えず流行をつくり出し、モデルチェンジし、古い製品はなくしていく。だからちょっと故障しても部品がない事がよくある。失くしたボルトを買いに行って、やむをえず自動車を買って帰ってくる御時世というわけか。（品物自体から考えれば、ずいぶんもったいない話だと思うのだが…。）

○　時計が自動巻きになり、万年筆がキャップレスになる。自動歯ブラシも売られたことがあった。便利になる事は良い。時間が短縮されることも良い。恐ろしいのは、ねじを巻いたり、キャップをはずしたり、歯をみがいたりするような事にまで面倒くさいと思わせてしまうことだ。その上、「貴方は最近、面倒くさいと感ずることはありませんか」と言って栄養剤を売っているのだから…。

○　広告に可愛い子供が出てくる。子供の可愛いさは人類共通の財産なのに…。あまり使ってもらいたくないね。

○　ある英雄、大活躍の末悪人を倒す。めでたし、めでたし。ところがその英雄その後で品物を売り始めるなんて。カッコワルーイ！

低俗さと戦おう

静高生諸君、第二次世界大戦後日本は復興に力をそそぎ、ついに世界有数の経済成長を遂げる国となった。

しかし巷《ちまた》をみたまえ。おどろくほどの低俗さがあふれている。これが二十年かかって作りあげた成果なのだろうか。週刊誌をみたまえ、その多くが低俗なものばかりだ。××と〇〇は何故離婚しないのか、〇〇と××の仲が深まった、等々、一体それがなんだというのだ。しかもそんな週刊誌が一三〇万部も売れるというのだ。（わが週刊メイチョウはわずか数百枚しか売れていないというのに…）

映画だってそうだ。よくもこんな映画を、といいたくなるようなものを平気で上映している。

食料品店をのぞいてみよう。どぎつい有毒色素を使った食料品が並んでいる。毒だと分かっている物をなぜ使うのか、我々ならあきれかえるだろう。

しかしよく分かってもらいたい。自然色のものと、有毒だがあざやかな色をしたものを並べておくと、色があざやかだというただそれだけで、その方が四倍も売れるのだ。それでは有毒だろうと使いたくなるのは当然ではないか。（この発言には問題がありそうだ。）

そして一般の高校生の生活を見よう。進学々々とはいっても、進学する権利は、ある特定の高校、あるいは一部の生徒ににぎられ、受験態勢はその高校生にのみ向けられている。社会の関心は、個人の努力よりも、単に数字にのみ向けられてしまっている。それからはずされてしまった者たちにとって、社会から一体何の手が差し伸べられているだろうか。何もないのだ。

だから、エレキにオートバイにズボンのスタイルだ。眉をひそめる大人は多いが、それならそれにかわる物を与えられる大人がいるだろうか。

そしてそれは逆に受験生の側にも言える事だ。だれもかれもが有名校といわれてあくせくしているが、煎じ詰めれば有名校に入れば良い所に就職できるというだけだ。だから「有名校に行け」といっているのは「いい所へ就職せよ」と言っている事と同じだ。

教育ママなどというが、大人がよってたかって「いい所へ就職しなさい」といっている状態は、これが教育だろうか。まさに「無教育ママ（エコノミストより）」ではないだろうか。日本の伝統は「貧すれども己の信念を通す」事だったのではなかっただろうか。

つまり現代の教育とよばれているものは本人がどのような理念をもって生き抜いていくかを育てるのでなく、外面をかざることのみを与えようとしている。そして、いいところへ就職すること、それこそがもっとも外面をかざることではないだろうか。

我々は「××と○○が何故離婚しないか」が大きな関心であったり、町へ行けば有毒色素の食物を買い込んで、家に帰ればことあるごとに「いい所へ就職するのですよ」といっているような無教育ママのペースで人生を送ってはならない。

有名校もけっこう、いい所へ就職してもけっこう、しかし、その中にあって絶えず自分の生き方を考え、一生、向上するように努力し、自分を忘れないように生きたいものだと思う。

消費文明と学校の役割

一月十三日付けの朝日新聞によると現在の日本の都市の独身勤労者の四十九パーセントがヘアドライヤーを持っているという。

若い者がヘアドライヤーを使って髪の手入れをしている風景は、二十年前には想像もできないものであった。

したがって、大人達はこの事実に対して「今の若い者はぜいたくになった」とか「堕落した」という受け取り方をしている事も当然だろう。だが大人達の考え方にも逆立ちがある。

大人達は「若い者がオシャレだからドライヤーを使うようになり、それでドライヤーが売れるようになったのだ。」と考えているのだが、そうではない。「ドライヤーの出現が若い者をオシャレにした」のだ。消費文明の成長は、まだ生活設計の固まらない者を絶えず刺激していく。消費が人を作るわけだ。

それと同じ誤りは若い者の側にもある。新聞によればドライヤーを持つのは「頭が乱れているのは、つまり心が乱れている事だ…ドライヤーをかけておけば髪が風で乱れる事もないし、頭が気になる事もない。合理的ですよ」という理由だそうだ。これもちょっと読むと自分の信念に従ってドライヤーを使っているようにみえるがそうではない。ドライヤーを買ってから考えついた哲学だ。ドライヤーが哲学を生むわけだ。

消費文明がのびていくと日常生活が絶えず変化し、ひと昔前に生活観を作り出した人には、その変化した現実が奇異に感じられるものだ。

指に塩をつけて歯をみがいていた昔の時代の人は、最初に歯ブラシを見た時ずいぶんぜいたくなものをと思った事だろうが、ぜいたく品といわれたテレビや電気冷蔵庫もすでに日常品となり、今や奇異に感ずるドライヤーも、将来はあたかも歯ブラシのごとく各家庭にぶら下がるかもしれない。

だがこのような変化の中で、学校はいかにあるべきだろうか。

消費文明がのびるたびに人間がその新しい刺激に負けていく。外的刺激に応ずれば応ずるほど、内面的な成長、充実はおろそかになっていく。

だが学校は、現代社会の内で殆ど唯一といってもいいほどの、若い時代に内面的な成長、内面的な充実をはかる場所なのではあるまいか。

内面的充実というのは、そのような外的な刺激に負け消費文明に押し流されていく自分を知り、そうならぬように、確固たる信念をもって生き抜こうとすることであり、したがって学校というものは、若い者に大きな影響を与える消費文明や流行から、最も縁の遠い、最も遅れた場所であるべきではないだろうか。

消費文明は今後もますます成長し、アナウンサーがガムを嚙みながらニュースを放送したり、落語家がコーラをのみながら笑わせたり、手の指用の爪切りと足の指用の爪切りが別々に売り出されるようになるかもしれない。

だが私は考える。学校は内的充実の場であって、外的刺激の実験場ではない。したがって学生も新しい物に対しては必要か否かをよく考え、最小限にとどめ、流行に対しては最も遅れた者となり、内面的なものにおいてのみ時代の最先端をいくよう心掛けなければならないのだと。

生の不安と死の恐怖

「人間はだれでも一度は死ななければならぬ。」これに気付くのが、その人間の大人としての目覚めの始まりである。だれでも小学校の時や中学校の時ふと、自分はいつかは死んでしまうとか、親しい父母、兄弟、友人達が死んでいなくなってしまうなんて、そんな事があり得て良いものなのだろうか、などと考えて、不安におびえながら眠れぬ一夜を明かした経験を持っているにちがいない。

死に対する恐怖は、人それぞれ強弱の差こそあれ、誰しもが持ちつづけているものなのだ。

たしかに、我々がこうして生きているのに死んでしまうのかと考えると、たまらない気がする。そして生き続けたいものだと願う。これはおそらく我々だけでなく、全人類の願いであり、また、であったにちがいない。だから死んでいく人を見て、せめて魂だけでも生き続けてほしいものだと考えた。それが宗教でいう天国とか死後の世界とかいうものなのだろう。

それによって我々は「生き続けたい」という気持をなぐさめる事ができるのだ。

しかし、残念な事に、「生き続けたいものだ」という希望と、「だから生き続けているのだ」という事との間には、言葉にすればわずか数語のちがいだけのこの二つの間には、宇宙の果てまでよりももっと遠い、越えられない隔たりが横たわっているのだ。

そこで、死んでからの事は死んでからにまかせておいて、あるいはその道の専門家にまかせておいて、我々は、生きている時の事を考えてみたいと思う。

人間が「死」という事を、一体どんな状態の時に考えるか、それは個人々々が勝手な時に勝手に考えることであるかもしれない。しかし最小限こんな事が言えそうな気がする。すなわち、死の恐怖というものは、人間が自己の人生をたくましく、生き生きと生き抜けている時にはあまり感じないものなのだということ。つまり死の恐怖というのは生の不安が生み出すものといっても言い過ぎではないようだ。

我々にとって死というものは絶対的な、逃れることのできないものである。しかし、死は人生の目標ではない。

どのように死んでいったかでなく、死ぬまでにどのように生きたかが問題なのだ。死に対する恐怖は、考えても意味がないばかりでなく、実に有害だ。というのは、それは現在ある人生までをも充実したものにさせなくなってしまうからだ。不安は動揺を生む。

つれづれ草にある「いつ死ぬかと不安で座ることも出来ず立ったままくらした人」の人生そのものは、実にみじめなものではないか。

我々は自分の人生に、一生を通して打ち込み、納得し、悔いのない目標を高く掲げ、それに向ってばく進しよう。明るく、楽しく、意欲的に生き、絶えず前進していく姿勢を持ち、決して虚無観にとらわれることなく、最後に笑って死ねるような、自分で自分によくやったと言って死ねるような生き生きとした人生を送ろう。

その充実した人生観、確固たる信念それが、我々をおそう死の恐怖をかき消していくのである。

内的条件と外的条件

野球のカントクが内野手にゴロの取り方を教える場合、最初に何を指導するだろうか。「ボールのバウンドに合わせる」「前に出る」「グローブの扱い方」「足の合理的なさばき方」「スローインの注意」等、ゴロ一つとる場合にもそれにむけられる注意は非常に多い。

しかし、ここにあげられた注意は、一番先に与えられる注意ではない。しからば、一番先に与えられる注意はいったい何だろうか。答えは簡単である。つまり「まず取る気をおこせ」という事から始めなければならないのだ。

これはどんなスポーツでも同様である。サッカーではボールを得た選手がゴールさせるのにまず必要なのはボールの蹴り方ではない。「蹴り込んでやるぞ」とう気持をもつことだ。

そういう気持を持った選手がキックの仕方を学んだ時、すばらしいゴールゲッターになるであろう。

このように人間の内面に与えるものを内的条件、その外側をかざるのを外的条件と名付けておこう。

物事を成す場合に一番大切な事は、内的条件であって、外的条件はそれをよりうまく成し遂げるための補助的な手段にすぎない。

いかに外的条件を整えようとも、内的条件の充実していない者にとっては、なんら得るものはない。

それればかりか、外的条件にあまり関心を向けさせることは、かえって内的条件の充実をおろそかにしてしまう。

物を与えれば与えるほど、ヒヨワな子供が出来上がるというわけだ。ヘリコプターの米兵がサンダルのベトコンに手こずるのもそんな点だろう。

スポーツのように強い意志力、克己心を必要とする場面では、内的条件「まずやる気をだす」という事を指導する事は極めて当り前の事だが、普段の生活にはそれがなおざりにされる場合が多い。例えば受験について考えてもそうだ。

クラブ活動をやめる。補習。塾。家庭教師。受験参考書をうず高く積む。テレビを消してもらう。マンガの本を隠してもらう。静かにしてもらう…等、いくら並べてみたところで、勉強がうまくいくためには大きな条件がついているのだ。「本人がやる気にならなければ…」という条件が。

そこへいくとスポーツ指導は、外的条件のみを追うことに一生懸命になっている社会一般にくらべれば、極めて教育的である。「ゴロを取ってくれさえすれば…」という条件付きでは野球にはならない。まず取る気をおこすことから指導するのである。

我々はもっと内面にあるものを大切にしよう。現代はとかく外的条件に目を向けがちだが、家庭に車や冷蔵庫テレビがあったって、我々自身の家庭生活や社会に対する理想がなければそれらは何にもならないだろう。

物事を成す場合「まずやる気を出す」という事から始めなければならない。

そして次は「根気よくやる事」だ。他人の注意や自分の要求が、内的条件を満たすのか外的条件を満たすのか、よく区別しよう。そして、自分の内部を充実させる事がものごとを成す根元であることを決して忘れないようにしよう。要は、やる気と根気である。


「坊ちゃん」


君たちは夏目漱石の書いた「坊ちゃん」を読んだことがあるだろう。

坊ちゃんは短気で無鉄砲だが、愛すべき人物だ。二階から飛びおりて腰を抜かしたり、松山に数学の教師として就職してからも、温泉で泳いだり生徒とケンカしたり、いつでも騒動を巻き起こしていく。

彼の正義感と反骨精神はすばらしい。そして江戸っ子気質が我々に清々しさを与えてくれるのだ。

ところでこの小説には彼とまったく正反対の人物が登場する。すなわち、「うらなり」君だ。彼はうらなりのように青い顔をして、性格も煮え切らない。彼は何をされてもただハイハイと言ってそれに従っていく男で、自分のいいなずけを取られそうになっても、そのために山奥に転任させられても、はいつくばってお礼を言っているような人物なのだ。坊ちゃんはそれが歯がゆくってたまらない。

そのうちに教頭赤シャツの陰謀に巻き込まれ、生徒のケンカを扇動したということから山嵐は学校をやめさせられるが、彼らは赤シャツの悪事をあばき、松林で待ち伏せてつかまえ、その顔に卵をぶつけて意気ようようと東京に引き揚げてくる、というのがこの小説の筋書きである。

彼の行動は実にたくましくはつらつとしている。そして見逃がしてはならないのは、彼の持っている正義感、弱い者の側に立って絶えず考え、同情し、強い者にその怒りをぶつけていく、その心のもち方だ。

だからこそ、この小説が多くの読者に愛されている所以《ゆえん》であろう。読んでいて思わず拍手を送りたくなってしまう。

しかしそういう反面、ちょっと待てよ、果してこれで良いのかなと首をかしげたくなる点もあるのだ。

彼の正義感はすばらしい。彼の持ったうっぷんは大切だ。そこから進歩が生まれるからだ。

しかし、彼はそのうっぷんを一体に何に使ったか。

彼はそれを物事を正しく解決するために使おうとはせず、卵をぶつける事によって晴らしてしまったのだ。だから物事は少しも解決されていない。

坊ちゃんは意気ようようと東京に引き上げたが、あとに残った赤シャツや野ダイコは卵をぶつけられたうっぷんから、ますます陰険になるかもしれないし、そのために第二、第三のうらなり君が出るかもしれないのだ。

うらなり君の無気力な生き方よりも、坊ちゃんのファイトあふれる生き方の方が良いにきまっている。

しかしそれは、坊ちゃんだけの問題ではなく、我々の生き方にも言える事だ。我々も日常生活をただその日暮らしに生きるのでなく、もっと問題意識に目覚め、何を為すべきか、それを為す一番良い方法が何であるかを考え得る人間になっていかなければならないのだ。そうした上で、坊ちゃんのように、たくましく、はつらつと生きていきたいものだと思う。

屁にもならない理由

静高生はなかなか議論が好きである。いろいろな場面に、必ず議論があり、それなりにまとめられていく。これはなかなかいいものだと思う。

ところがその理屈をよく聞いていると、大きく分けて二種類ある事が分かる。

一つは自己を向上させたり、客観的な視野に立ってより良くしていくための方法を探す議論であり、もう一つは自分の欠点やずるさ、なまけぐせといったものを、いかに美しい言葉や整然として理論でぼかしていくか、という議論である。そして静高の議論にはその後者が実に多いのである。

実例をあげてみよう。

キャッチボールでガラスを割る。注意すると「弁償すればいいだろうが」と、こうくる。大切な事は割らずに済むような高度な技術を身につける事で、そのためには技術の未熟さを心から反省すべきではないだろうか。このような静高生の思い上りやうぬぼれに支えられて、ガラス屋は着々と収入を伸ばしていくのである。

遅刻を注意する。すると「片足が教室に入っていればセーフかアウトか」といった程度の議論が始まる。

この議論がどんなにすばらしい言葉で戦わされたとしても、五分前に来ている者にとってはまったく無意味な議論でしかないのだ。

クラブをやめていく者がトウトウとしゃべる。「クラブの意味」から始まって最後には「人生の意義」にまで到達する。その内容がどんなに深かろうと、クラブを続けていく者にとっては、問題にならないだろう。

そして時にはカバンが重いという者が出てくる。客観的に見て無理な重さなら問題だが、軽々と持つことのできる者にとってはくだらない議論だ。

集会の時、ペチャクチャと騒がしい。注意すると今の騒がしさが集会のじゃまになったかどうかが問題になる。これとて弁士のために静かにしてやっている者にとっては少しも問題にならないものなのである。

「なぜ歯を直さなければならないのか」

「なぜ掃除をしなければならないのか」

「なぜ本を読まなければならないのか」

「なぜ？　なぜ？　なぜ？」

なぜだろうかと考える事は大切だが、実行できる者にとってはなんでもない事を一生懸命考えるのは実にくだらない事だと思う。

そしてここにあげた議論に共通している事は、その議論の果てに出てくる結論が「故にオレは正しい」という事に導き出される点だ。だからその議論によれば「キャッチボールでガラスを割ったオレは正しかった」「故にオレが遅刻したのは正しかった」「オレが集会で騒いでいたのは正しい」「故に本を読まないオレはすばらしい」という事になるのである。

このように、ささいな事に対して、自分のいたらなさを謙虚に認めようとはせず、いつでも自分は正しいのだとつくろう事にキュウキュウとしているかぎり、そのような、取るに足りない事に対しては勝つことができても、より高い次元にのぼっていく事はできないだろう。取るに足りない事は謙虚になって、もっともっと高きへのぼっていきたいものだと思う。

スポーツマンのために

一九六七年（昭和42）2月〜10月

(一) はじめに

現在の静高には運動クラブを選ぶ者が非常に少ない。別にスポーツが嫌いなのではないが、やる事よりも見る事で満足してしまっている。

スポーツを行う事、それ自体は決して悪い事ではないはずだ。それなのに静高において、スポーツマンはどのように扱われているのであろうか。

両親や主任の先生からは絶えず「運動部なんかに入るな」と言われ、入れば「とっととやめてしまえ」と言われ、勉強の事はいつも心にひっかかり、クラスの中でも何か違ったような事をしているような気持を持ってしまう。

だから絶えず悩み、迷い、本当にそれに打ち込む事ができないでいる。

そして、運動部同士も、はっきりとした連帯感もなく、クラス内でも孤立して一般の生徒からも理解されていない。これが静高の現状なのである。

そこでもう一度、最初のところへ立ちもどって考えてみよう。

スポーツを行っている事、これはきわめて人間的な行為である。それなのに、人間的行為に対して、まわりがそれを評価しようとしていない。何故だろうか。それは社会が歪んでいるからかもしれないし、逆にスポーツマンがもっと心しなければならない事もあるのだろう。あるいは、はっきりとした理由が分からず、またどうすれは良いか分からず不安だった事もあっただろう。

そんな時のために、スポーツマンが心からそれに打ち込めるよう、人間らしく評価させるよう、皆で考えていきたいと思うのである。

二重の疎外

現代は疎外の時代である、などとよく言われている。疎外というのは、人間らしさを失っていく事、人間らしい社会からハジキ出されていく事である。

しからば現代社会とスポーツはどういう関係にあるだろうか考えてみよう。

スポーツをする事、これはきわめて人間的な事である。だからスポーツがやれる条件を持ちながら、やらずに、そこから離れていく事、それを疎外とよんでいいだろう。ところが現代の我々のまわりを見てみよう。離れていった人達がだんだん多くなり、本来人間的だと思っていた運動部員がだんだん少数になり、クラスなどでも孤立してしまうようになっている。

つまり、はじき出された人々によって、逆にはじき出されてしまっているのだ。そのような状態の中で、我々が何かを訴えたとしても少しも反応がないであろう。そのために我々はガッカリしてしまうが、主流派であるべきものがいつのまにか反主流派に変わってしまっている以上、聞いてもらえないのも当然なのかもしれない。

そんな時、我々はどうすればいいのだろうか。「運動部に入れ」と叫ぶ事だろうか。そうではない。まず反主流派になっている立場を主流派の立場にたちもどる努力をする事だ。

スポーツマンは一般の生徒から信頼され、スポーツをしない事が恥ずかしいようなムードにする事だ。それから叫ぼう。次回から、それらについて考えていくことにしよう。

（二）運動部の団結

運動部で意外に思う事は、案外他の運動部の事について知っていないという事だ。種目こそちがえ、皆それぞれ同じように苦しんでいるのだから、お互いが知り合えば、きっと深い理解と連帯感をもつ事ができるだろうし、自分と同じ生き方をしている者がクラスに大勢いる事が分かれば、それがそのまま自分に対する励みともなるだろう。

運動は、一般の生徒にもっともっと取り入れられていかねばならないものなのだが、現在では運動部員が非常に少なくなってしまっている。

したがってただでさえ孤立していきそうな運動部員は、もっと他の運動部員と団結して、クラスや学校の中で生き生きと生活していかなければならないのだと思う。

そして、謙虚に他の部の良い点を学び、皆が同じ気持でやっているのだという事を深く心にとめ、我々が決して少数ではないのだという自信を持つことが大切なのである。

多くの運動部が団結することによって、スポーツマンのもっている良さがクラスの中に浸透していく、実はここに大きな意味があるのだ。

現代は孤立の時代であるなどとよく言われる。ホームルームもバラバラな場合が多い。

それは生徒に実行力と意欲、団結力がなくなっているからで、生徒達はその力を持っている者の出現を待っている。それができるのが実はスポーツマンなのである。

クラスをよくするためにも運動部が率先して団結していこう。

苦しみに耐えよう

最近数多く貼り出された運動部員募集のポスターを見ると「練習が楽である」という事を売り物にしているものがちらほら目につく。

「週×日」とか「一日一時間」とか「楽しみながら気軽に…」といった具合である。「対外試合はやらずにレクリエーション的に…」といった部もあるようだ。だがここで考えよう。我々はラーメン屋の出前持ちを募集しようとしているのではない。

運動の良さは苦しみに打ち勝つ点だ。苦しみに負けずに向上していくから価値があるのだ。だからなるべく楽をしてという姿勢とは根本的に反対なのだ。

むろん運動をやる者が少なくなっている今日、そのような形でもしなければ部員が集まらないと言うかもしれない。それほど現在の新入生は打算的でずるくひよわい。しかし、そのずるさ、ひよわさに合わせてクラブ経営を行うのならダラクである。

我々は「楽にやれる」という事で人を釣るのでなく、青年の魅力は「苦しみに耐え、それに打ち勝ち、自己の能力を拡大させずにはおかないそのひたむきな心」にあると考え、そうありたいと努力しなければはずかしいと感ずるようなムードを、学校全体に浸透させてしまうことが真の部員募集なのだ。

とはいえ、部の伝統、種目の性質などによって違いはあろう。しかし最低限度共通の約束として、練習の苦しいのは当り前で、それに耐えていくのが、スポーツマンなのだという「運動部の基本的な態度」だけは決して忘れないようにしたいものだ。

(三) 時間を上手に使おう

運動選手の生活で、もっと考えなければならないのは時間の使い方だ。

練習始めの更衣はわずか数分間でやれるのに、練習後の更衣には、一体何分かけているだろうか。

スポーツの良さの一つは、短時間の内で多くの事をやれる能力を身につけるという点だ。だがそれが日常生活に応用できなければ何にもならないのだ。

なぜかけ足で集まるか。短時間に無駄なく次の事をするためだ。だがそのあとで三十分も一時間もぐずぐずしているのなら、なんでその前にかけ足をしてまで時間をかせいだのだ。

スポーツマンは、スポーツの時だけでなくあらゆる生活において無駄な時間をなくし、他の人と同じ一生の中で多くの事を成しとげなければならない。

そのためにも時間の使い方を考えていこう。練習始めには、全員が絶対に遅れずに一分でも早く始められるよう努力し、練習中は必ずかけ足で集合し、練習や個人練習が済んだら更衣や後片付けや、家に帰る時間はなるべく短くして、家での生活も時間も無駄なくすごそう。

早く帰りたいために練習をなおざりにしてはならないのはむろんだが、ぐずぐずしていても学校に長くいさえすれば、自然にうまくなるのではと考える者が案外多い。ホームの先生や父母からもっと早く家に帰るように言われた時、短縮すべきは練習時間かぐずぐずしている時間の方か。答えは分かりきっているのに、現状は練習時間の方を短縮しているのである。

クラスのリーダーに

スポーツマンの良いところをあげればいろいろあるだろうが、何よりも良い事は実行力があるという事だ。

最近はだんだん、やらずに済ませたり、なるべく楽をして済ませるような傾向が強くなり、クラスや、その他いろいろな所で、いかになまけ者になるかという議論が堂々と行なわれている。

実践力のあるスポーツマンから見ると「何でこんな簡単な事を議論しているのだ」とか「言っていないでやればすぐ終わるのに」といいたくなるような事をもっともらしく議論している。

実はその雰囲気がクラスを支配するかぎり、運動部に入る事が敬遠されるのである。何でもスイスイとやってのけるようなムードがクラスの内に支配的になれば、そのクラスの人達の考え方も運動部に対して好意的なものになっていくだろう。

したがってクラスをそのような雰囲気に変えていく事がスポーツマンの役目であり、運動部のためにも一般の生徒のためにも大切な事なのである。

だからこそスポーツマンは、クラスのリーダーとして活躍しなければならないのだが現状はどうだろうか。

運動選手はどちらかといえば、あまりクラスに協力的ではない。あまりクラスの内にもおらず、クラスの行事や雑事にもあまり積極的でない。

むろんクラブの仕事に追われている事もあろうが、都合のつくかぎりクラスに溶け込み、スポーツマンの持ち味である積極性や明るさに満ちあふれた雰囲気にしていくのが、実はスポーツマンに課せられたものなのである。

(四) 魅力ある生徒になろう

スポーツをする事によって得られるものは非常に多い。積極性、ねばり強さ、能率良さ、強さ…どれを取っても我々の人生にとって大切なものであり、一般の生徒にも見習わせたいものである。だからこそクラスの中で模範になっていかなければいけないはずだ。ところが現状はどうだろうか。クラスの中で運動部員はどんな事をしているであろうか。

授業中に居眠りをしたり、ホームルームの行事をサボったり、乱れた服装やかっこうをしたり、校則に平気で違反したり、宿題をしてこなかったり、文化祭の時など汚い野次をとばして演技者を困らせたりする。そのような生活態度がスポーツマンを誤解させ敬遠させる大きな原因になっているのだ。

実践力を持った人間、これは高く評価されなければならないのに、スポーツマンに対してしばしば与えられる不当な評価の原因は、実はスポーツマン自身がつくりあげている事が多いのだ。

スポーツマンは、もっとクラスで愛される人にならなければならぬ。

そのためには人のいやがる事も持ち前の実践力でやってやろう。授業もまじめにやろう。ホームルームも協力的な態度でのぞもう。そして、明るさを失わず、他人から信頼される人になろう。信頼ほど人間の間で大切なものはないし、それは決して頭の良し悪しでは決まらないのだ。そうなってこそはじめてスポーツの良さが理解され、スポーツが一般の人達の中に浸透し、スポーツマンが大切にされるのである。

最悪の条件で最高のプレーを

我々がなにかミスをした時、それをつい、他のせいにしたがるものだ。ボールがつかめないと手がかじかんでいたからだと考える。負けたのは疲れていたためだ。不調だったのは風邪をひいていたためだ…等々。そしてこの態度はふだんの生活にも持ち込まれていく。勉強のできないのは練習のせいだ。遅刻したのはメザマシのせいだ。だが、ここで考えてみよう。これらは個人として「負けてもやむをえない理由」にはなるかもしれないが、チームが「負けてもいい理由」にはなっていない。負けたという事実にはなんら変わりないのだ。

我々は、ふだんからあれだけ厳しい練習をしている。それなのにチームの時、たまたま自分が寝不足だったために、自分の体調が悪かったために負けて、三年間の精進を棒に振ったとしたら、こんなにつまらない話はないだろう。

そのためにスポーツマンはいつでも自分のコンディションを最高に保つよう気を配るべきだが、忘れてはならないのは、悪条件が重なった時でも、自分の持っている力がフルに発揮させる事ができなければならない事だ。

人間は弱い者だ。スポーツマンにおいてもそうだ。だが勝たねばならぬ。

そのためには、絶えず覆いかぶさってくる不安な気持を、あるいは悪条件を「だが負けるものか」という言葉で振り払っていかなければならない。

そして、どのように悪条件が重なってもなお、自分の最高のプレーが行えるようふだんから心がけていなければならないのだと思う。

(五) 謙虚であれ

人間は元来わがままなもので、物事がうまくいかなかったり失敗したりすると、とかく言い訳をしたり、他人のせいにしたがるものだ。

しかしながら最後の勝利を得る直前に、誰かの投げたボールのコースがそれたために後ろにそらしたとしたら、それが誰のせいかなどと言っているひまがあるだろうか。それが誰のせいであってもそのボールをうまく処理しなければ負けるかもしれないのだ。

それなのにその時案外ガッカリして、ふてくさってしまう選手が少なくない。そのために、その時のボールはもちろん、それ以後のプレーまでが駄目になってしまう場合が多いのだ。

そのようなチームは、技術のうまい下手を論ずる前に、味方のミスに対してどのような心構えで臨まなければならないか、という点をまず直しておかなければならない。しからば他人のミスに対して、どのような心構えで臨むべきだろうか。

味方のミスが起った時うける側は、「彼は精一杯努力したがそれしか出来なかったのだ。」とか「彼はそんなボールでもボクがとってくれると信じて投げたのだ。」とか「ボクをうまくしようと思ってわざと投げたのだ」というふうに考えてプレーを続けるべきだ。いつでも謙虚な気持で人に接しよう。人のミスはカバーし、自分の思い通りの結果にならなくてもすぐ気を取り直して次に一番うまくいく方法を見つけ出そう。そしてゲームが終わってからふてくされればよいのである。

人の心を読もう

現代は人間疎外の時代だなどとよくいわれるが、そんなこむつかしい事をいわなくとも、たしかに人の心が読めなくなってきているのは事実のようだ。

昔に比べて対人関係の苦労がなくなってきたのはけっこうな事だが、逆に受験などで孤立した生活を強いられたり、友人と遊ぶよりも一人でいろいろ出まわってくる遊び道具とたわむれたりする事が多くなってきたため、どうも人の心を動かす訓練が不足してきているように思われる。

だから練習していてもその欠陥が非常に多く現われてきてしまっている。

とくに団体スポーツにおいては、選手相互のコンビが実に大切なのだから、人の心が分かる者同士がやるか、分からない者同士がやるかでプレーの効果が、まったくちがうだろうし、相手の心が読めればそれに対して守ったり攻めたりする時も、相手の出方が分かればそれだけ確実に攻める事も出来るし、守る事もできるというわけだ。

野球の放送などで、よく相手のウラをかいたプレーを行って「頭脳的なプレーだ。」などとほめられたりするのを聞くが、実はこれが普通でなければならないはずで、人の心を読む事のできる者と出来ない者との差を言っているにすぎないのである。

自分の事しか考えなくなってきている今日、ぜひとも「他人のためにもがんばる」という気持を育てよう。

そして、他人がつぎにどうするか、どうしたいかを考える事ができるようになった時、プレーは格段に上達するにちがいない。

(六)お説教

スポーツの社会は仕事が速い。上達が速いからやらなければならない事も多くなる。だからそれになじめない下級生にいろいろと言わなければならない事も多く、ついお説教となるわけだ。

ところが、お説教でしばしば問題になりやすいのは、それが上級生のうっぷんばらしになりやすい事だ。

先生にしかられたり、練習がつらかったりすると、ついそのうっぷんを、下級生にお説教をしてはらそうとする事になりがちだ。

しかしながら、運動部に入るという事は、自分のすべてを運動部に売り渡したという事ではない。

上級生であれば、一年でもちがっていれば、すべてにわたって下級生より優れているのだろうか。

スポーツクラブなのだから、上級生と下級生との差はスポーツの経験の差だけだ。上級生であればすべてにわたってエライのだと考えるのであれば、それは行きすぎである。

練習中に個人個人が技術上の注意を下級生にする事は絶対に必要な事だが、終わったあとで下級生を入れ替り立ち替りお説教するのはやめたいものだ。

場合によっては下級生にお説教をしなければならない時もあるだろうが、その時は必ずキャプテンにだけ、まかせられるべきだ。下級生に言いたい事もキャップテンを通して言えば、それによって絶対言わなければならない事なのか、単なるうっぷん晴らしにすぎない事かを区別できるし、下級生も納得するであろう。

実力とは最低線の事なり

練習を積んでいくと、当然選手は上達していく。したがってどのくらい力が出せるようになったかという事が皆の関心になる。ところが、そこに気を付けなければならない問題がある。

それは、どこまで力を出す事ができたかという事と「実力」という事を勘違いしがちだという点だ。

ある選手なりチームなりが、ある機会に良い成果を得たとする。しかし、それはたまたま好条件に恵まれたためであって、決して実力とはいえない。

実力とは、どんな悪条件のもとでも得る事のできる最低線の事なのである。

ところが我々は人が良いせいか、とかく好結果に目を向けがちになる。

ある選手がたまたま良いシュート率を上げると、それがその選手の実力と考えて、つい大きな期待をかけやすい。

各選手が別々な大会でそれぞれ勝手に出した好結果を寄せ集めて、これがこのチームの綜合的な実力だと考えれば、各チーム共かなり高い水準のチームになるにちがいない。

しかし選手の力には波がある。そのチームがどんな試合にも確実に得る事ができる成果は、残念ながら各選手の最低の力の寄せ集めでしかないのだ。

我々はとかく、選手の出す力の高い方にのみ目を取られがちだが、うまい選手であっても、波が大きい選手ほど大事なゲームを失う原因になっている事を考えると自分の持っている力をいつでも出せる事が実に大切な事であり、練習の目標の大切な一つであり、選手もコーチも、よく心しておかねばならない事なのである。

（七）声

運動選手は実によく声を出している。苦しい練習に耐え、他人をはげます事のためにはそれが実に必要だ。

ところが、その声をよく聞いていると、それが声というよりもむしろ単なるかけ声である場合が多いようだ。

だから大声を上げているチームに、「ワッショイ、ワッショイ」とか「ファイト、ファイト」といった単なるかけ声ではなく、その時のプレー上の注意等を声に出して言ってみろと言うと、トタンに声が出なくなってしまうのである。

声というのは自分の考えを相手に伝えるのが本来の役目だ。だからただ「ワッショイ、ワッショイ」でなく相手に役立つようなものがあれば、それを言ってやった方がその人にとってよほど役立つはずである。

「ファイト」と言う事もむろん大切だがファイトは決して心の中に持てばよいというものでなく、実際なにかプレーをする際に出すものであるのだから、やはり実際のプレーの仕方の注意をいってやるべきなのだ。

スポーツは考えながらやらなければならない。だから選手がどのような事を考え注意しているかを知るためにも声を出す習慣が必要になる。だが「ワッショイ」では、ただにぎやかだというだけで、肝心のゲーム中におたがいが連絡し合わなければならない事を言う習慣がなおざりになってしまう。

むろんスポーツによってもちがうだろうが、少なくも練習中はプレーの注意をし合う習慣をつけたいものだ。

フェイントプレー（feint　みせかけ　けんせい）

団体スポーツならどれでも同じであると思うが、ゲームを行う時の一番基礎になるべきものに、フェイントプレーというものがある。

フェイントプレーというのは、相手のプレーの先を読んで、その逆のプレーをする事によって相手の意表をついて、楽に次の有利なプレーをするという事である。

ところが、バスケットの練習方法の中でフェイントプレーがどの位取り入れられているかというと、案外少なくむしろ、単にプレーヤー一人一人の工夫にまかせられていたようだ。

ところが他の競技を見ると、フェイントプレーがかなり系統立てて、練習の中に取り入れられている。そしてそれが練習の中に系統立てて、たくさん取り入れられている団体スポーツほど、世界的なレベルに近づいていると言っては言いすぎであろうか。

フェイントの目的は相手のマークをはずす事である。ところがバスケットにおいてはマークをはずす努力はスクリーンプレーにおかれている。それでなければスピードで抜き切る事だ。

むしろフェイントもしばしば使われてはいるが、案外それが個人の工夫にのみまかせられていて、あざやかなフェイントも、個人の奇妙なくせ程度にしか考えられていない。

したがって上下のプレーにも横のプレーにも、もっと系統立てて、フェイントプレーの練習を加える事が、プレーの幅を広げることになり、またチームの綜合的な力を大きく向上させる事になるであろう。

（八）練習の目標

ある一つの練習には、必ずうまくさせたいと思う目標がある。だから、現在行なっている練習が何をどううまくするための練習であるかという事を何時でも全選手がハッキリと知っている事が、練習によってうまくなっていく最短距離なのである。

ところが、高校生の練習をみていると、単に練習のはこびがスムーズに、素早く行われる事だけを重く見てしまい、個々のこまかな練習上の注意がなおざりにされてしまいがちだ。

ひどい場合になると、見た目がスムーズにいくように、練習内容のむずかしい部分やうまくいかない部分を勝手に省略したり変えてしまったりする。

練習というものが最初からうまくいっているのは、その練習内容がそのチームの技術水準よりも下であるというだけだ。そのチームの力が上がるためには、その練習では役に立たないのだ。

だから最初はうまくいかなくてもよい。だがその練習は何をうまくしようとしているかという事だけは、全員が必ず知り、その部分をオーバーなくらいに誇張して丹念に練習しなければならない。

練習の目的は、考えなくてもプレーがスイスイとできるようになる事ではない。考えついた事、ひらめいた事、最初から意図していた事がすぐできるようになる事だ。

最初はまどろっこしいと感ずるだろうが、考えながら、練習目標を何時でも心にきざみつけながら行なえば、必ずうまくなっていく事だろう。

ミスと性格

スポーツを見ていると、そのプレーヤーの人間的な性格が実によくでていると思うようないろいろな場面にでくわすものだ。とくにその人が、実に誠実な人であるか、着実に物事をやる人か、おちつきのない人か、向上心のない人か、うっかり屋さんか、などという事はそのプレーヤーが行なうミスとその処置を見ると本当によく分かる。

しかもスポーツのように激しく、苦しく、しかもごまかしのきかないような場面に追い込まれると、その人の性質があからさまにでてしまうので、本当によい自己反省の場になる。

しかもうれしい事に、ミスをなくしていく事が、そのミスを作り出す原因になっているその人の性格上の短所をも、直していくことになるという点だ。

人間的な短所をそのままにしてミスだけをなくしていく事は決してできない事で、少なくなっていくように見えても一番大切な場面でとりかえしのつかないようなミスが必ず出るのである。

スポーツは正直でごまかしがきかない。他人がごまかしてくれるような事もないし、追いこまれるからより以上に性格が表にでやすい。だからミスをなくしていくことが人間改造につながるし、しかもこれだけ激しく人間改造を強いられるような場面が他にあるだろうか。だから教育的なのだ。

みんなでミスをなくしていくよう努力していこう。それがチームの勝利と同時に、個人々の人生の勝利にもつながるのである。

(九) 練習に工夫を

高校の運動部が同じように三年間練習をして、その内容もあまり差がないにもかかわらず三年後に著しい力の差がでてしまう事がある。

これにはいろいろな要素が考えられる。中学時代の経験者の有無、施設の問題、伝統の問題、指導者の問題等々。

ところが中学時代の経験者が殆どいなくても、それの多いチームに勝った例はしばしばあるし、外のコートで練習していても優秀な成績をおさめたチームもある。未経験者がコーチをして強くなった例も数限りなく存在する。

だから今述べた事が勝つための絶対条件ではない。

しかしながらチーム力の向上にハッキリつながるものが一つある。それは練習内容の工夫である。実際のところどのような練習が上達を速め、どのような練習は上達にあまり関係ないのかを気にしがちだが、それはあまり関係なく、むしろ同じ練習でもただ惰性で行うか、ちょっとした工夫を凝らすかでその上達は著しくちがう。

そしてその工夫はどこにでも、いくらでもころがっている。ランニングシュート一つ取ってみても早く走らせる工夫、あるいは走る距離を1メートル長くするとか、ボールを取って下りる足を一定にするとか、ディフェンスをつけたりシュートの型を決めるとか、いろいろあるだろう。それを一つ取り上げた時、それを全員が必ず全回ともやれるチームが強いチームとなれるし、それを徹底させるコーチが名コーチであるといえよう。

練習の密度を高めよう

家での勉強などもそうだが、我々はとかく自分達の仕事の成果を時間の量で表わそうと考えがちである。

勉強を何時間やったとか、練習を何時間やったとか、それが多ければ多いほど自己満足を感じてしまう。

ところがその実際をみると、練習の密度は必ずしも高くないために、ダラダラと練習時間がすぎてしまっている事が多いようだ。

練習の始まりは何時だろうか。毎日毎日開始時間がまちまちになってはいないだろうか。よほどの事情のある人を除いて全員の顔が揃っているだろうか。集合離散はカケ足でやっているだろうか。だらしなく練習したり、練習上の注意や約束を守らないために意味のない練習がつづいたり、それを指摘される事のために何分も中断したりする事はないだろうか。コーチは、一回の練習になるべく多くの選手が同時に動いていられるような工夫をしているだろうか。選手はすぐ次の練習のために気持を切りかえているだろうか。

このような事がすべて練習の密度につながっていくのである。

もし人間が走りつづける限り走ったとすれば、一体何時間走っていられるものなのだろうか。マラソンでさえ二時間半程度であるのだから、バスケットの場合等も、練習内容の密度さえ上げる努力をしていけば、今までに相当かけてきた練習時間もかなり短縮できるのではないだろうか。

そしてそれで培った習慣を実生活に応用していくことがスポーツマンの生活を高めていく事になるのである。

(十) 矛盾を追おう

スポーツは矛盾を無限に追っていくものだ。コーチは攻める者には守る者より強くなれといい、守る者には攻める者よりも強くなれという。言う事は食いちがっているわけだが一方だけが強くなっておわるのでなく、攻める者と守る者が交互につよくなっていくのが進歩なのだという事をいっているのだ。このようにスポーツは矛盾した二つの物を絶えず追わなければならず、何かあった時は必ず反対の事にも心を寄せてみる必要があるのだ。

強いチームになるためには鍛錬が必要だが、それだけでは駄目で、そのうらにはやはり合理的な練習も必要になり、また合理的な事ばかり追おうとすればやはりチーム力は低下するだろう。

それは個人の物の考え方にもいえる。ボールを投げる側は取る人の事を考えて一番良い位置に投げるべきだが、取る側はどんな所にボールが来ても一番良い位置に来たのと同じように次の動作ができなければ駄目だ。だが実際にはどうだろう。投げた方は相手が取らないから悪いのだと考え、取る方は相手が変な所へ投げたから取れなかったのも当然だと考えやすいが、これでは反対で、投げる方は一番良い所に投げられなかった事を謙虚に反省し、取る方はどんな所にボールが来ても取ってやるのだと考えていくのが正しい解決法なのである。こんな時コーチはとかくどちらか一方のみに責任を負わせがちではなかろうか。

また、合宿中やゲーム中の食事や飲み水などはどうだろうか。

気を配る事は大切だが、行きすぎると良い物を食わないから力がでないのだと考えてしまう。だがわずか数日間の合宿で、そのようになるはずはないし、むしろ選手自らがそのように考えてしまう事に大きな問題がある。つまり選手の側は「どんなにまずい物でも食べてがんばるのだ」と考えねばならないし、栄養状態はコーチの側が気を配るべき事なのだ。それを選手の側は「うまい物を食わせろ」といい、コーチの側が「まずい物でもがまんしてがんばれ」といっていたのでは、話が少しも進まないわけだ。

このように、スポーツには、絶えず矛盾した二つの立場があり、そのどちらを選手が取り、どちらをコーチが取ろうとするかで、プレーが進歩するか、堕落するかが決まってくる。

苛酷な練習と健康管理の問題、施設の問題、薬品や用具を揃える事、勉強時間の問題などあらゆる点で二つの立場があり、選手の方はいつでも、そのうちのつらい方を取り、コーチは絶えず最大限の用意をしてやる事を考える事が一つの解決方法であるだろう。ところが最近の選手の物の考え方を見ているとすべてにわたって逆である。

練習はなるべく楽をし、ゲーム中には水よりお茶、お茶よりレモンを要求し、ちょっと足がつればすぐ薬をつけ、まずいプレーをしても反省しようとしない。コーチはこれをよく見つめ、どんな場合にも二つの取り方のある事を考え、生徒にどちらを取らせる事が正しい解決かを深く考えなければならない。練習方法にはいろいろあるが最後は生徒の物の考え方できまるのである。

静高生シリーズ

一九六六年（昭和41）5月～7月

思い上がるな静高生（一）　苦境によわい静高生

静高生は苦境に立つと気の毒なほど弱くなる。普段は気取っていて、物事がすいすいと成し遂げられている間は得意になっているが、いったんつまずくと本当に弱くなる。その狼狽《ろうばい》ぶり、憔悴《しょうすい》ぶりは見るも哀れになってくるほどである。

クラブに入ったら意外にきつかったとか、あるいは学校の勉強が自分の予想に反してむずかしかったとか、あるいは時間がどうしても足りない等といった問題にぶつかった時、あるいはクラブで壁にぶつかったり、先生に厳しく注意されたとか、テストがまったくできなかったとかいうような時、そんな時の心の乱れはこれが天下の静高生かと目を疑うほどだ。

そして狼狽した彼らがその次にとる態度は殆どが、そこから逃げ出すことによってそれを解決しようとすることだ。そのくせ、負けて逃げ出すのだと思われるのはいやだと見えて、「私の理性はどうしてもそれに客観的意義を発見する事が出来ない。」などと気取ってみせることも忘れない。

物事に悩む事は大切だ。その中に発展が秘められているからだ。それを逃げだしてしまってはなんにもならぬ。それを乗り切る所から飛躍的な発展が生まれるのだから…。

これにはいろいろな原因があるだろう。小、中学校においてはどんな事でもすいすいとやれてしまって少しもつまずかなかった者。つまずきそうになる度に、つまずく手前で父母がお膳立てをして少しもつまずかなかった者。（旗の波の中を通る皇太子には、旗をくばる人の苦労は知ることが出来ない。君達はまさに、家庭の皇太子だ。）

そしていつでも最初から避けて通ってきた者…等々。

だからそのような時、どうしたら自分の手で乗り切れるかを知らないから、ろうばいしてしまうのである。

親達はとかく、子供のやる事がうまくやれていれば良いと考えがちだが、結果がよかったということにはあまり価値がない。むしろつまずいた時、それを自分の手で、自分の力でどうしたらよいか考え、乗り切ってこそ、その体験が新たな自信を君達にもたらしてくれるのではないだろうか。

若人はもっと自らを苦境に陥れよう。そしてその苦境を自らの手で乗り切っていこう。クラブの練習が大変だとやめる者は、それを重荷に感ずるようなヒヨワい体を、そのまま維持させていくだけだ。

誰もがやり遂げたことを君だけが耐えられないはずがない。今は大変でも、やがては大変だなどと思わなくなるような体に鍛え上げるのが大切なのだ。

そしてそのチャンスは、高校の時しか、もはや残されていないのだ。

我々の人生で貴重なことは、維持させることでなく、発展させていくことだ。

こわさないようにと気遣うことでなく、作り上げていくことだ。

頭の中にしまいこむことでなく、そこから出して実践することだ。

もっともっと、自分を苦しめよう。そしてその苦しみにへこたれない自分に感激しよう。そこからすばらしい人間が、育つのではないだろうか。

思い上がるな静高生（二）　エコジな静高生

静高生はおそろしくエコジである。謙虚な気持になって自己を反省し、良い意見を率直に取り入れていこう、などといった心の柔らかさはなく、まったくのガンコだ。

それが正しいと心から信じ、その信念に従って生きていこうというのなら立派なもので、大いに賛成だが、利己心を擁護するための、はっきりそれと分かるようなにごりきった理論を聞いていると、本当に腹立たしくなってくる。そして殆どがそればかりだ。

我々にとって大切なことは進歩することである。我々はまだ若い。もっともっと発展していく可能性を持っている。そうした場合我々は、どんなことを心掛けるべきであろうか。

自己を発展させる秘訣は、謙虚さというものにあるように思う。どんな人の話でもよく耳をかたむけ、もしその中に、自分にとってプラスになると思われるようなことがあったらそれを手本にやってみる。それが我々にとっていけない事なのだろうか。その人に屈したとでも言うのだろうか。

静高生は期待されているほどは伸びないなどとよく言われる。中学校の時はアチーブで優秀な成績を取りながら、高校生活や大学入試の成績が必ずしもはかばかしくないその原因には、いろいろなことがあげられるにちがいない。学校にも大きな責任があることは言うまでもない。

しかし、静高生のエコジなことも、実は大きな原因となっているのだ。

小さい時からできる、できるとおだてられ、非難も忠告もあびなかった。その居心地の良さが、他人の注意を、つい自分に対する敵意であると受け取って、振り向こうとしない。だから向上していくのも自分一人の暗中模索、進歩もおそいし、同じ所をぐるぐるまわるし、なお気の毒なのは、孤独だという事だ。へんな気取りは、他人の反発を作りだすだけだという事を知りたまえ。

我々の人生においては、自分の意見が入れられるから良い、他人の意見だから悪い、などというものでなく、要するに、良い意見が取り入れられて実現すればそれでいいのではないだろうか。

オレの意見は絶対に間違いないのだからオレの意見を！　などと大きな事はくれぐれも言わないでもらいたい。

我々は、おたがいに謙虚な気持になって話し合おう。無論教師だって、謙虚に生徒の意見を聞くつもりだ。

人の意見を採用するのに遠慮はいらない。言ったのは相手でも、生かしたのは君だ。価値は言葉の時でなく、実った時だ。決して言った奴がエライのではなく、実践した奴がエライのだということを忘れないようにしよう。

謙虚さに年令はない。あらゆる人の意見を取り入れよう。

謙虚さなどというものは、今までの日本において美徳とされてきた。しかしそれは決して美徳等というものではない。謙虚さというのは自分を発展させるのに一番近道だというだけだ。だから謙虚な人間は、自分の人生に一番貪欲であるということなのだ。美徳なんかじゃない。

我々は、もっと心を豊かに向上するように、ひたむきに進みたいものだ。


思い上がるな静高生（三）　**独立心のない静高生**

静高生には独立心がない。自分の手で成し遂げなければならない事を親に（特に母親に）やってもらっている。そしてそれを極めて当然のことのように考えている。

しかも、自分にとってちょっといやな事、怒られそうな事、面倒な事、だが将来は自分でやっていかなければならない事などを親にやらせているのだ。

忘れ物の弁解、クラブの交代、勉強のやり方の相談、こんな事は当然自分の力で乗り切っていくべきことなのではないだろうか。

先生に怒られたり、クラブ顧問のところへやめると言いに行ったり、担当教科の先生に勉強の仕方を相談したりする事は、本人にはやりにくい、いやな事かもしれない。しかし、それがやれてこそ教科が出来る以上に社会人として大切なものを獲得できるのではないのだろうか。

親は、忘れ物の言い訳も出来ないような自分の子供を、どのように思っているのだろう。君達は、当然自分の手でやるべき事がやれない己を、もっと恥じるべきではないだろうか。

ここ数年間、私は自分の指導しているクラブをやめていく何人かのクラブ員と話し合った。しかし、その多くは、自分からは言わずに親をつかって言わせている。とうとうと弁じたてる親も親なら、そのかげにかくれて平然としている子供も子供だ。一体何の事について話し合っていると思っているのか!

そのうえあとから本人に聞いてみると「ボクはどうでもいいのだが…。」などと言ったりする。自分というもののなさには本当に腹が立ってくる。

これは単にクラブだけの問題ではない。大げさな言い方をするなら、これは現在の日本の高校生、さらには若人全体の生き方の問題だ。

本人が何かしようとした時、すぐ、そこに親の力が入り込み、親の判断で、物事が行なわれてしまうとしたら、君達に必要な、自分の事は自分の手で、という民主日本に生きる若人の当然持つべき習慣は少しも育たず、もっともおそろしいのは、そのような人間には「自分は、この人生を、どのように生き抜くべきか！」という人間にとって一番大切な、だが一番基本的な事を、自分で考えつく能力が少しも育たないということだ。

そしてその能力のなさは「今は何を成すべきか」とか「集会の時にはどのような態度でのぞむべきか」とか「他人がどのようにうわついていても、自分だけは自分の決意に従っていくぞ」といったような事を考えつき行動する能力のなさにつながってくるのだ。

だから静高生の言動に表れる事を見たまえ、安っぽい駄ジャレや軽薄なひやかし、自分の実行力のなさを、ごまかすための他人の失敗に対する大げさな嘲笑、他人にむける不満…等々、そこには自己の確固たる信念は何もないのだ。そのくせ先生に一喝されるとシュン…。（どなられて静かにさせられるのは人間に対するものすごい侮辱である事すら感じないんだから…）

静高生諸君！　今からでも遅くはない。自己の信念をもって、自らの手で生き抜くよう努力しようではないか。

思い上がるな静高生（四）　グズな静高生

静高生はおそろしくグズである。

これが若人の行動かと思うほどグズグズしている。そして気持の持ち方も、グズついていてはつらつとした気持良さは少しも感じられない。

まず、仕事の仕方を見てみよう。彼等は物事を成し遂げていくのに、ものすごく時間をかける。

短時間にてきぱきやろうという事より、ゆっくりやれるようにタップリ時間をとる事に関心がある。だから人生の内でなるべく多くの事を成そう、という事よりも、なるべくやらずに済まそうという姿勢をとりたがる。

だから両立させる等夢にもおよばない。そして大部分の者は「勉強をやる」と称して授業が終ればサッサと帰ってしまう。（静高生がグズでない唯一の場面がそれだとはなさけない。）

しかも自治会で集計した統計によれば、その大半は家庭において夜まで、殆ど何もしていない。切手を見たり、ギターをちょっと弾いてみたり、そのへんをうろついてみたり、かくしてグズな静高生の高校時代というかけがえのない青春は淡いかすみのように空間に消え去ってしまうのである。

また親の考え方にも問題が多い。子供が情熱をもって生活しようとクラブに入ると、親が家に早く帰って来ないというだけで、血相を変えて学校にとんでくる。子供が情熱を失っても、何もせずに家でうろうろしていても、ともかく自分の目の届く所においておけば良いと考えている親にも問題があるようにも思う。

次に問題になるのは心と身体との遊離化だ。心と身体が別のものだと考えているから、身体を鍛えることをなおざりにして、心でそれを補おうとしている。はつらつとしようと考えればなれると思っている。はつらつとした身体が、はつらつとした心を、作り出していくという事を知らない。

だから遅刻が悪いと知っていても遅刻する。体が理屈についていかないからだ。遅刻しないようにすることよりも、頭の中で「遅刻のもたらす社会的人間的功罪について」などを考える事の方が重要だと思っている。恐ろしきかな、観念論。しかも考えながら遅刻をするから始末が悪い。

そして一つの行動から次の行動に移る時の恐ろしいほど時間の無駄。

集会の時の集合の無駄に費す時間。

家に帰ってから勉強にうつるまでの無駄。それを積み重ねたらどれだけの事がやれるだろうか。

君達は二時四十分から三時までの間に何をやっているだろう。おそらく、カバンをつめ、友人と二言三言むだ話をして階段を降りる程度だろう。

バスケット部の一年生は、その間に体育館まで走っていき、着替え、靴をはき、わずか数人で体育館を掃いてふき、ボールを運び、水をくみ、三時から練習を始めているのである。秒単位で争われるスポーツでは、短時間にそれだけの事がやれない者は使いものにならないのだ。そしてその能力が人生に厚みをつくっていくのだと思う。

静高生よ、もっとたくましくあれ！　時間の無駄をなくし、行動的になって多くの事を成し遂げようではないか！

思い上がるな静高生（五）　孤独な静高生

現代人は孤独であるなどとよく言われている。現代人のまわりには、人間同士がなかなか親しくなれない、いろいろな要素があって、それによって一人一人が近づけず、だんだん孤立していってしまうのである。これを人間疎外とよんでいる。そしてこれは静高生においてもまた例外ではないようだ。

現代という奴は、物事が人間から離れていってしまい、観念的になりすぎた人間が、人間と共に歩み、その中で苦しみ、人間から直接学ぼうとすることをだんだんとやめてしまっている。

特に高校生の場合、最近の受験制度入学難は、人間を部屋の中に閉じ込めてしまい、人間から学ぶ事より書物から学ぶ事を尊いと考え、五感を通して頭脳を鍛え、さらに自分の手足を通してそれを実現していくという、すばらしい、生き生きとした人間活動を忘れさせ、単にむずかしい事に目を通すことの出来る人間、それをただ口に出せる人間が一番良いのだという錯覚を作り上げてしまったのである。

だから友情の問題にしても、友人達の中にあって苦しみ、そこから美しい友情を育てていこうなどとは毛頭考えず、友情に関する文献を集めてくまなく目を通し、頭の中で総合的にイメージを組み立て、それに似合った人間がひっかかってくるのを待っている。それでは相手の方がごめんこうむるだろう。そのくせ自分の方は、ひっかかる立場になってやろうとは少しも考えない。

これでは孤独である事も、当然の事ではないだろうか。

だからクラスの中でも皆ばらばらだ。何かしようとしても、煩わしがって、すぐ逃げ出す。困っている同級生がいても、少しも力を貸そうとしない。

そのくせ友情論を語らせればすばらしい事をいう。

友情を獲得することよりも、友情とは何かということを考えることの方が大切だというのだろうか。

お互い同士の励まし合いよりも五〇〇ページの友情に関しての大論文を読破することの方が大切だとでも言うのだろうか。

友情の価値は、友を通じて考えていくことであり、スポーツの価値は、その実践の苦しみの中から獲得していくものであり、学問の価値など、すべてがそうではないのだろうか。

ところが静高生はそうではない。

人から学ぶべきものを、本から学ぼうとしている。具体的な悩みを観念的に解決しようとしている。

友人のない淋しさは「友情の価値」を学べばまぎれるとでも言うのだろうか。数学の分からない所は「学問の是非」を論ずれば出来るようになるとでも言うのか。友人のない淋しさは友人を作るべき努力からまぎれるのであるし、数学の分からない所は、そこを学ぶ事によって解決がつくのだ。

このように、おそろしいほどの、思考の観念化、抽象化、議論の空論化が我々のまわりを取り巻いている。

そしてそれが厚い壁となって我々の心を孤立させ、我々の前進をはばんでいるのだ。

我々に必要な事は、実践の苦しみの中から得られる、汗のにじんだ連帯感ではないだろうか。

正義感に乏しい静高生

我々はふだんからよく「正義」という言葉を使っている。しかしながら、この何気なく使っている言葉も、よく考えていくと非常な難しさが含まれていることが分かる。

というのはしからば正義とは何かということになるとこれがまたむずかしいからだ。今まで正義の士であった者が、一夜明ければ逆賊となったこともあるだろうし、国家の敵として処刑された者が、死後何年か経ってたたえられたというような例もしばしば見かける事だ。だから正義が不正かなどというのは、単に相対的なものなのかもしれない。しかし、むずかしい理屈を抜きにして、正義かどうかを判定する方法があるような気がする。

それは、過去のいろいろな出来事をみた場合、数多くの例が「正義は弱い物の側にあった。」という事実を示していることだ。

ガリレオは降服し、フスは焚刑に処せられたが、彼等の主張は現在高く評価されている。

つまり、いつでも弱い者の側に立って物を考える姿勢を取り得るということが正義感なのだろうと思う。

こんな点から、静高生の姿勢を見ていくことにする。

若人の心には、不正に対し、強い者に対し、正しい側に立ち、弱い者の側に立って激しく心を燃え上がらせる何かを持っているものだ。ところが、静高生にはそれがない。

弱い者の側に立つどころか、人の失敗や欠点を目の色をかえて探している。

そしてちょっとでもつまずくと、それ見た事かとあざけり笑うのだ。

だれかが段上に立つ。必ずヤジがとぶ。それが弁士の意見に対するタイミングの良いヤジでもとばすのなら賞金ものだ。ところがそんな気のきいた事をする生徒は一人もいない。

出てきた人のアダナをいう。汚い言葉をはいて赤面させる。人前で言われたくないことを平気でどなる。

はずかしめをうけて立往生する弁士を皆でさらにひやかす。

彼が可哀そうだとは考えないのだろうか。自分がその立場になったら困るだろうとは考えないのだろうか。

自分が何故人を傷つけ、はずかしめるのに一生懸命になっているのかと、自分の行為を不思議に思わないのだろうか。

他人に向かうのに、何故相手をいたわり、尊敬し、相手と共に歩もうという姿勢がとれないのだろう。

何故弱い者の側に立てないのか、つまり、正義の行動がとれないのか！

答えは簡単である。それは君達自身が弱いからだ。人からあざけられはしないかと思っているからだ。軽蔑されないかと不安だからだ。人にどう思われても自分はこの道を進むぞ！　という確固たる信念がないからだ。

このような自信のなさが受験の不満などと重なって生活に対する不安さやあせりを生み、人を傷つけずにはいられなくなるのだ。しかしそれが天下の静高生のとるべき態度なのだろうか。

静高生諸君！　正義を愛し、信念を持って進もう。そして知ろう。不正は己の中に巣食っているのだという事を。

思い上がるな静高生（七）　**マスプロ化された静高生**

現代はマスプロダクション（大量生産）の時代であるとよくいわれる。

大量生産というやり方は、生産者が生産を合理化し、有利にするために採用される方法であるが、それは一方においては、大量の消費者が同じ物を買い、同じ物を食べ、同じ物を使い、同じ物を楽しむようになってくれなければ成り立たないという前提に立っている。したがってマスプロは、一方では個性的な品物を淘汰し、一方ではそれによって作りあげられていた我々の個性までをも押しつぶしてしまったのだ。

だから我々のまわりを見たまえ。

何もかもが一色にぬりつぶされてしまっている。皆がいろいろな歌を楽しむことより、レコードが何百万枚売れたことが良いと思っている。何百万人もの人間が同じ物しか楽しんでいないということを示しているのに。

そしてマスプロにはマスコミが必要になる。マスコミが大規模になればなるほど多くの人間が画一化されていく。

東京のダジャレで北海道や沖縄の人が笑っているのを見ると、それで良いのかと考えずにはいられない。

そしてその影響は、だんだんと家庭に、そして静高生の物の考え方へと浸透していくのだ。

マスプロによって作り上げられていく物の考え方の底を流れているのは一にも二にも画一的であるという事だ。

だから静高生には個性がない。殆どの生徒が同じように考え、同じように行動し、同じような趣味にうさをはらし、だれでもやれるような事だけをやってお茶をにごしている。自分でなければ！　とか、自分しか！　というような個性を生かすような事、それが実はその人にとって本当に価値ある事なのだがそれはやろうともしない。それにはかなりの努力と苦痛が必要だが、楽をして獲得するというのがマスプロの特徴であるため、その影響を受けている者にはとてもやれないことなのだ。そしてマスプロ教育の理想的な製品として卒業していく。

だから、感じとしてはマスプロ教育に批判はしたいのだが、考え方はマスプロのペースになってしまっている。

全員でやるような事、宿題などはよくやってくるくせに、個々に寄り添う教育、自分だけに課せられたような事は軽視して振り向こうとしない。歯の治療などまさにその良い例だ。そしてそれはついには哲学的なもの、つまり物の見方にまでえいきょうを与えていく。物事を細かく分析していくという物の見方は捨て去られ、漠然と大ざっぱに物を考えるようになっていく。「我々の生活を具体的に向上させるにはどうすべきか」などという議論よりも「人間の生き方について」を議論する事の方が価値があるように考えてしまっている。ちょっとみるとその方が本質的、哲学的な議論のようだが、その結論は今の我々にどのように役立つというのか。（ピテカントロプスの生き方から説き始めるつもりなのだろうか。）

静高生よ、もっと個性を大切にしよう。マスプロの激しい流れの中にあって自己を忘れることなく、己の個性を、自分独自の考え方をのばしていきたいものだと思う。

思い上がるな静高生（八）　**観念的な静高生**

バスケット部の話で恐縮だか読んでほしい。ある一人の一年生が部をやめたいと言ってきた。その理由は毎日八時に帰宅するのでは勉強に差し障るし、激しい練習で疲れてしかたがないとのことだった。君達も毎日八時に帰宅するほどの練習では、さぞ大変だろうとこれを読んで思うにちがいない。

ところが出席簿を見ると彼は二か月の間にわずか二十日間位しか練習に参加していな

い。つまり残りの数十日は三時に帰宅しているのである。

その上、体育館は定時制の授業の関係で殆どの日は五時半までしか使用する事ができない。

つまり彼は頭の中で、わずか数日間の体験を、あたかも毎日送っているかのように考え、それをもとに勉強や体の事を言っている。数十日間は練習をサボって楽をしていた事は少しも考えずに…。

これはある一人の例であるが、一般的に言って静高生にはこういう傾向、実際に行わないうちから、きっとこうなるだろう、ああなるだろう。そうするときっとこうなる。そうなったらこれはたまらん、やっぱりやめとけ、というような頭の中の操作だけで自分がまいってしまうような所が多いのではないだろうか。

もっともこんな風潮は高校生一般のものなのかもしれない。ある高校の話であるが、4月の初めにバスケットの部員が先生に「日曜の練習はやめてほしい」と申し出たそうである。そこで先生は「それでは休みにするが、ゲームが近いから練習ゲームを三日間だけやる」といって生徒も了承した。

ところが春にはスポーツ祭や、インターハイ予選などで試合が多く、結局そのチームが休んだ日曜日は一回だけであったが生徒は「日曜の練習がなくなって楽になった」といっているという。「それくらいなら、前だって休んでいるのに…」と、その先生は暗い表情で言った。

このように事実に照らし合せようともせずに頭の中で考えていくことを、観念論という。

若い人間がただ頭の中だけで、ああなればこうなり、こうなればああなり、などと考え、結局やめた、なんていっているほど不健康なものはない。それではまるで一手も打たずに考えまいりましたと頭を下げている碁打ちみたいなものではないか。

碁や将棋だって最初から、最後の手が読み通せるものではない。

碁や将棋が我々の人生に与える教訓は、打ちながら考え、さしながら考えるという点だ。つまり、物事の価値はやらない前から分かるものではなく、実践しながら、その時その時で考えうる最善の努力をしてその総合が最後に分かってくるのだ。そんな点から考えて、碁や将棋がまさに理想的な生き方の手本ともいえるだろう。

一手も打たずにまいりましたと頭を下げた話は喜劇だが、頭の中でただ考え、勝手な結論を出してしまってやらずに済ます若者の生き方は、まさに悲劇といわねばならない。

我々は頭の中で勝手に作り上げてその影におびえるのでなく、実践しつつ考えていくよう努力しよう。

思い上がるな静高生（九）　**低俗な静高生**

最近の高校生は低俗である。ここで言う低俗というのは、知識などの量が少ないという意味ではない。個人の向上しようという気持のなさをいっているのである。自分が低い時点にいるのにあまんじて、そのままで良いと考えている事を低俗というのだ。

静高生は、いったい何に意義を感じて高校生活を送っているのだろう。いったいどのような人間像を理想とし、それに向かって自己を近づけようとしているのだろう。少なくとも自己の向上を目指し、皆の向上を目指しているだろうか。残念ながら激しく燃え上がるような向上心がどうも乏しいような気がするのだ。

自己を向上させる方法の一つで、我々が行いやすいものに読書がある。しかし静高生は実に本を読むのがきらいである。自己紹介をさせると「自慢じゃないが今までに文学書は一冊も読んだ事がなく…」などという奴がいるほどだ。そんな事が自慢になるものか。

そしてそれらは図書館の利用状況にもあらわれている。毎日の利用者は数多いが殆どの者は図書館でなければやれない事をやっているわけではない。

また、図書館の本を借りていく者は、図書委員の話によれば、一日におどろくなかれ。わずか十人であるという。

その割合からいくと、静高の図書館にある一万七千冊の図書は、授業日数を一年二五〇日としても一冊の本が七年に一回だけ、一人の静高生によって借りられる勘定になる。したがって残りの六年と十一か月と二週間は、たまにはパラパラとめくられることはあるにしても、だれの手によって借りられもせず、むなしく本棚に積まれたままになっているのだ。

これではずいぶん無駄な図書館ではないか。

これに対して「買って読んでいる人だっていることを考えに入れてくれ」という反論も出ることだろう。残念ながらその実体をつかむことは困難である。しかしそうはいっても、一三〇人に一人しか一日に本を借りない者達の買う本の数など程度がしれている。

図書委員長の伏見照行氏も「天下の静高生がこんな程度で良いのですかね。」と暗い表情で語っていた。彼は現在、四日に一冊を目標に奮闘している。

向上心のある者は己と厳しく対決している。だから他人に対しては寛大である。またくだらない事には関心がうすい。向上心のない者は他人をきずつけひやかし、にくみ、あざける。またくだらないことをしては時間をつぶす。

静高生の日常の会話をみると、あるいは生活態度をみると実にくだらない会話が多い。本当に残念になる。

マンガを読むなというのではない。それだけではだめだというのだ。

中国の歴史の中で高く評価され、今なお全世界に親しく愛されている魯迅の「阿Q正伝」のことが出てくれば、マンガに出てくるオバQと同じQが使ってあるというただそれだけの理由でうれしがったり、シェークスピアの名を出せば、流行語の「シェー！」と似ているといって笑い出すような静高生に、一体なにを期待すればよいというのだろうか。

思い上がるな静高生（十）　無気力な静高生

人生を送るにあたって貴重なものは気力である。どんな事を実践するにも、まず問題になるのは、それを成そうとする気持の盛り上りである。

よしがんばるぞ、よしまかせとけ、と考えると同時にピリピリとファイトが手足の先まで伝わり、踊り出すようにそれに向かっていく。いったんやり出したらくいついて離れない。そういった人間的な激しさ、ファイトといったような物が感じられる人間、それが若さというものであろうか。

ところが静高生にはどうもそれが感じられない。チンマリと小さくちぢこまって、胸を張ってさっそうと行動したり、相手を威圧するような自信にあふれたまなざしをした奴など一人もいない（人間がどんなことを考えているかは、目を見ればだいたい分かる。心の窓だからだ。心を変えなければ目つきは変らない。心を変えないで目つきだけ変えても人相が悪くなるだけだ。）

そして態度はオドオドしているし、口を開けばやらずに済ませるための弁解ばかり。物事には無関心で背中ばかりむけたがる。そして最後に心の中で小さくつぶやくのは、自己弁護と自己弁明ばかりだ。「勉強の出来なくなったのは教師の教え方が悪いからだ。予習が思わしくないのはクラブのせいだ。静高へ中学の先生が行けといったから悪いんだ。頭の悪いのは親のせいだ。大学に落ちたのは友人のせいだ。等々。」

そうだそうだ、なにもかもすべて、他が悪いのだ。決して君が悪いんじゃない。安心したまえ、だれも君が悪いなんて言いはしないさ。

だがちょっと待ちたまえ。他人のせいでありさえすれば、一生が台なしになってもいいというのか。死ぬ時に、おれの人生が充実しなかったのはあいつのせいだから仕方がないのだ、とつぶやいて死ぬつもりなのだろうか。

それが自分のせいであろうと他人のせいであろうと、ともかく、自分の人生はかけがえのないものであり、自分の責任において全うされるべきものであり、結局は自分が損するだけだ。

自分の人生は自分の手で決定し、自らの気力で突き進んでいくものだ。決して他人のせいにすべきものでも、ただ無気力に惰性に過ごすものでもない。静高生に足りない事は、人生に対するその気力ではないだろうか。

だが静高生はどうも無気力でしかも退廃的だ。こんな奴がいる。

ある一人がなにかくだらない事を叫ぶ。もう一人が言う。「おい皆笑ってやれよ。」そこで皆がゲラゲラと笑い出す。笑い終わった時一人が力なく叫ぶ。

「クウーキョ！（空虚）」

これはたまたまテレビかなにかの真似をしているだけかもしれない。

しかしそれがあまりにも現在の静高生にぴったりなカンジではないか。

静高生よ、君達は飼いならされて力を失ったスピッツであってはならぬ。親や先生のムチにひれ伏すサーカスのトラであってはならぬ。

静高生よ！　たくましいライオンであれ、人生というジャングルを力強くかっぽし、人生の目標に向って大きく吠えるライオンであれ！　そして力いっぱい進もうではないか。

思い上がるな静高生（十一）「**権利」を知らない静高生**

君達は権利という言葉を知っているだろう。我々の守りたい、行いたい最小限のことを行うことが出来るのが権利というものだ。

ところが日本においては権利ということが著しく誤解されている。

そして、権利が人間にとって本当に大切なのだというヨーロッパにおいては、二百年も前に獲得された事が、今の日本ではまだ個々によって発見すらなされていないのだ。

そしてその誤解の中で特に大きい点は、ルールという事に出てきている。

ヨーロッパにおいては、ルールというものが、人間と人間の権利の主張のし合いから発見していったお互いの妥協点ともいうべきもので、それを、獲得するためには血を流したこともあったのだ。

そしてそれらの高価な体験から、彼等は貴重な教訓を得た。

まず、人間の権利は与えられていくものではなく、獲得していくものだという点だ。これが人間にとって本当に大切なものだという心の底からの実感なしに与えられても何にもならない。

第二にそれによって獲得されたルールは必ず守ること。これも自分達が獲得したんだという実感があるからこそ、守っていくのだという気持が強いのだろう。

第三に、そのルールそのものだって人間のつくっていったものであるのだから、そのルールそのものも人間の手によって変えていくことが出来るのだということ。（西独のある州の憲法では抵抗権というものが保証されているという。）などであろう。

ところが日本においては人間が獲得していったという体験がない。だからそれがいかに大切な事でそれを守ることが実に重要であるという事を折りにふれては親が子に語り、孫に伝えていく事がない。今の日本の親が子に伝えるのは江戸時代からの相も変らぬしつけだ。だから静高生も権利の尊さを知らない。先日の集会の時、自治会長が自治会がなくなった方が良いと思う人は手を上げてと言ったところ、おどろくなかれ4分の1もいたのだ。静高生は自治という学生にとってかけがえのない権利を放棄することを、ワイシャツをやめてスポーツシャツにする程度に考えているのだろうか。フランス人はどんなにふざけていても、自分の権利に関する話になるとトタンにまじめになるという。冗談にも言ってはならない事を平気で表明する所に静高生は権利を知らないと言われる所以だ。

それればかりでなく、生活においても親のいいなり、先生のいいなりになっているから誰も世話をしてくれない時の静高生の混乱ぶり、無軌道ぶりは、ひどいものだ。自分で自分の人生を決め、自分で生き抜いていくという楽しい、人間の本来の生き方を忘れている。それをやるのが君達の権利なのに…。

だから静高生の生活には実に創造性が乏しく、自主性、自発性がないのだ。

高校生にもなって先生の手を借りなければ静かに人の話も聞けず、世話をやかれる事自体に腹も立てない君達に、ルソーやモンテスキューの知識が一体何の役にたつというのだろうか。

思い上がるな静高生（十二）　**若さのない静高生**

若さとは
はげまし　それに答え
共に感激する事である

望月　正

若さとは感激することである。決して年齢ではない。年齢の少ない者でも心の動かなくなった者は老人であり、逆に、たとえ年はとっていても心の柔らかな人間は若い人間であるといえる。

ところが、どうも静高生には若さがない。なにかによって若さを失ってしまったのか、親たちから教えられていないのか、どうも物事に対して感激したり、他人と共に励まし合うという若い人間だけが持っている美しい物が、心の中に育っていないのだ。

校内大会の応援を見てみよう。

まず、少しも応援に行こうとしない者がいる。他人を励まし、心を躍らせる事がどんなにすばらしい事かを知らないから、応援の事をいっても「それはギムですか?」などという始末だ。

人間が自分の心で動くのが、本来の人間活動であることを忘れ、人間を動かし得るのはギムだけで、あとは行動しない事が自分の主体性を守る事だと思っている。おそろしき人間の老衰化。

だからそれにくらべれば応援に出てくる生徒はすばらしいといえるわけだが、その応援の仕方にもずいぶんへんてこなのが多いようだ。応援とは味方を励ますことであるのに相手側を汚く野次《やじ》っている。相手の力を十分に出させないようにして味方を勝たせようというのでは邪道である。スポーツは己との対決なのだから…。

そしてもっとひどいのになると、味方を野次ったりしている。少しくらいならユーモアがあって良いが、ほどほどにしてほしいものだ。

素直に他人へ声援が送れないということは、一つには受験校という事情からきていると も考えられる。

受験が与える人生哲学は利己という事だ。だからそこには人間にとって非常に大切な「皆で向上しあう」というすばらしい事は存在しない。そして、皆一人ぼっちになり、心も孤立し、友人と若さを二つながらに受験に吸いとられてしまうのだ。

しかし彼等は重大な勘違いをしでかしている。というのは他人を向上させるというのは、それによって自分自身も向上しているのだという事を…。それを、他人を向上させればその分だけ自分が下ると思っている。ずいぶんケチくさい、単純な、観念的な考えではないか。スポーツコーチにはそれがよく分かる。打撃を強くするためには良い投手を作る事だし、サッカーやバスケットでも攻撃力をつけるためには強い守御力をつくらなければ練習にならないのだ。

我々は知らなければならぬ。我々が若い心で仲間を励ますことによって実は我々自身の心も励まされ、向上していっているのだということを…。

我々はもっと若い心を持ち、青春を生き生きとすごそう！　そして励まし合い、皆で向上し合っていこう！

我々の未来は大きく広がっている。孤立する事なく皆で手をたずさえて、励まし合って進んでいこう。

若さとは感激することである！

思い上がるな静高生（十三）　**挫折していく静高生**

人間の社会というものは、いろいろな事が重なりあっていて、なかなか自分の思うようにはいかないものだ。

なにか成し遂げようと考えても、それをやっていくうちに妨害されるようないろいろな要素が出てきて我々を悩まし始める。そして、それとこれとをどういうふうに重ね合わせるかということで非常に苦しみ、ついにはそれに負けてやめていく。そして首をすくめながらふてくさって「しょせんこんな事をやっても意味はないのだ。」などといいながらその辺をヨタっている。どこでも見られる風景だろう。そして静高においてもまた同様である。

現在の静高生の心の中には受験という事が慢性的に入り込んでしまい、どんな事をする場合にも、それがブレーキになってしまっている。そして気の毒な事に、父母や教師までもがそれに手を貸している。そればかりか高校生自身が現状に慣れきってしまい、ブレーキのかかっている姿が自分達の本来のあるべき生き方であると思ってしまっているのだ。だが、ハンドブレーキをはずさずに三年間走りつづけたポンコツ自動車の、まあなんとロスの多かった高校生活であっただろうか。

このように、いろいろな要素によって物事がやれなくなっていってしまうことを挫折といっている。

一口に挫折というけれども、挫折感というものは、人間の心に大きな痛手を与えるものだ。その致命的なことはいったん挫折すると、その挫折感がつきまとうかぎり、次にやるべき事を、やろうという気持までをも失わせてしまうという点だ。

運動部員等がちょっと成績が下ったりすると、たいして考えもせずに部をやめたら…と指導する教師や親は非常に多い。しかしその子にとって増えるのは時間だけで、それと同時に挫折感をも与えてしまう。つまりやる気をなくさせて、ヒマな時間を多く与えているというわけだ。やる気のなくなった者がヒマな時間を持っている…その時間をどのように使っていくかは容易に想像できよう。

一つの事をやっている者が、他の事にも一生懸命やれるようになるためには、その子の心に成し遂げたのだという気持をつくってやる事だ。

その事がたいした事でなくとも、また結果がうまくいかなかったにせよ、成し遂げたという実感はすばらしいものだ。それが次の行動力を生みだしていく。

運動部員の成績など、とかく問題になりがちだが、そんな事は少しも心配いらない。彼らは、成し遂げたという実感をもっている。彼等はきっと自分の人生に、それを生かしていくだろう。

私はむしろ挫折していく生徒達が問題だと思う。運動部の場合一年の時入部する約二百名のうち三年までやり通すのは三〇名、やめた者の殆どが勉強の方も向上していない。「あれだけ激しいスポーツがやれたのだからその気になれば勉強もやれるはずだ。」その通りだが、その気になれないのだから仕方がない。それが挫折感なのだ。

我々は決して物事に背中を向けてはならぬ。前向きに、挫折することなく進んでいきたいものだと思う。

思い上がるな静高生（完）

だがすばらしい静高生

どうも永い間静高生の悪口三昧で恐縮だが、しからば静高生は何に魅力を感じてあんなにむずかしいアチーブをやってまで静高にやってきたのだろう。先生が優秀なのだろうか。現在の教育委員会の方針は県下一律の転任制度で静高にのみ優秀な教員を…という事はない。では施設が良いのだろうか。

牢獄のように汚く殺風景な教室、便所の横にある売店、風雨にさらされた掲示板…など、本当におそまつなものだ。

しからば一体何がよいのだ。その答えは「仲間がすばらしい」という事だ。君達が静高を選んだのは、あまり根拠がないかもしれない。しかし結果として静高生は、その周囲に優秀な、たがいに励まし合い、鍛え合っていけば、本当にすばらしい社会人に共になっていけるような友人をたくさん持つことが出来たのだ。だからこの者達が互いに鍛え合い、励まし合っていけばもっともっと発展していくであろう。

ところがここに奇妙な事があるのだ。静高生は、自分の仲間をほとんど利用しようとしていない。それればかりかお互いが警戒し合い、気取り合い、背中をむけ合って、力を貸し合おうとしていないのだ。だから静高生同士の話を聞いてみたまえ。せいぜいマンガの話、テレビの話、ズボンをカッコよくはく話くらいなものだ。それが悪いのではない。その次にくる話がないのだ。

つまり静高生は、せっかく無理をしてまで入ってきた静高を少しも利用しようとしていない。テレビやマンガの話だけで終わるのなら、どこの生徒でもやっている事だ。どこでもやれる事しかやらないのなら、なんで苦労してまで静高に入る必要があったのだ。

もしその程度でおしまいにするのなら、苦労の多かった君達の中学時代の生活はまったくムダだったということになるわけだ。

君達が静高に入学したのは、静高だからやれる事、静高でしかやれない事、静高だからやらなければならない事をやるためではないのだろうか。

君達は君達全体が持っている優秀性を君達自身のために活かしたまえ。これだけすばらしい環境を作ろうとしてもそう簡単につくれるものではない。

それを利用しようとせず、他人を警戒し、不安におびえたりしている。

ずいぶんくだらない事ではないか。

君の隣に座っている人は君をノイローゼにするために生まれてきたのだろうか。そうではない。君をよりすばらしい君にするために座っているのだ。

我々はもっともっと話し合おう。我々がお互いに気取る事なく鍛え合えば、すばらしい向上があるだろう。他人を鍛える事は、それによって自分自身が鍛えられる事なのだ。

静高生諸君！　このすばらしい可能性を含む静高をより盛り上げるために皆で鍛え合おうではないか。

どこでもやれるような事でなく、静高だからこそやれる事、仲間達で鍛え合う事をやろうではないか。皆で向上し合う事を考えようではないか。

若さを保ち、強固な意志と広い心を持って独立独歩、はげしくたくましく歩んでいこう。すばらしいものにしていこう。

静高バンザイ！

一九六六年（昭和41）4月

良き指導者たれ

静高生諸君！　君達はすべて、おそらく将来いろいろな分野で活躍し、指導者として多くの人を指導する立場になることだろう。実のところ現代の日本には、すぐれた指導者が欠けている。

君達が、そのすぐれた指導者になってほしいと願うが故に、それに関して私の感じてきたことを書いてみよう。

指導者といってもいろいろだが、ともかく日本に数多くの指導者が存在したし、現在も存在している。しかし、その多くがおちいりがちな欠点はただ「良い言葉さえ発すればよい。」と考えている点だ。

マイクを片手に絶叫する全学連の指導者。彼等の言う事は良く分かる。分かりすぎるほど分かるがついて行けない者が多い。ついて行けないで背をむける者に「日和見！」と、つばをはくような言葉がとんでいく。（だからついていけないんだ）断平闘争を叫ぶ労組の幹部、これもまたよく分かる。だがついて行けない者も多い。去っていく者に言葉があびせかけられる。「無知な奴め！」

理屈さえ通っていれば全部の人達がついてくるというのか。（理屈の分からない人には一文の価値もない。）むしろ理屈の分からない、理解力のない人達のために、そのような運動があるはずだ。

味方を多くしたいのか、ただ自分のうっぷんをそれにかこつけて晴らそうとしているだけなのか。言葉を強くすれば問題がたちどころに解決するとでも言うのだろうか。他人を味方にするのは言葉でひきつけるだけではなく心をとらえることなのではないのだろうか。

人間疎外と対決すべき者が、率先して人間の心の対立、人間疎外をつくり出している時、残念ながら私は日本の指導者よりもベトコン（ベトナム民族解放戦線）の指導者に軍配を上げざるをえなかった。彼等が山岳地帯に住む少数民族に自分達の意見を分かってもらうためにはまずその土地の言葉をならい、その土地に行けばその土地の言葉で話し、歯を抜く習慣があれば歯を抜き、入れ墨をする習慣があれば入れ墨をし、その土地の風習に従って生活し、その土地の女性と結婚し、その中から、徐々に徐々に自分の考えていることを、理解させ、影響を与えていく。そして何年もかけて自分の味方に引き入れていくのである。

相手に反発を感じさせないようにという暖かい心、結局はその人を味方にするのだという強い自信と忍耐力。それがあってはじめて味方をつくる事が出来るのだろう。

指導者には理想がなければならぬ。しかしながら理想というものは、語れば良いのではない。実現することのみが大切なのだ。

それには人の心をとらえる事がなによりも必要だ。理想というものは一人では実現することが不可能であるから。

静高生よ、たくましい指導者となれ。どんな困難も乗り越え、障害も乗り越えて進む指導者となれ。

静高生よ、心やさしい指導者となれ。老人をいたわり、異性を尊敬し、幼児《おさなご》をいつくしみ、弱き者を愛する指導者となれ。まず心をとらえ、対立を克服していく心豊かな指導者となれ、それを今の日本は心からのぞんでいるのだ。

さらに週刊メイチョウ

一九六六年（昭和41）1月

まず君からだ！

新しい年が明けた。我々のまわりもすべて新しいものになった。この環境を、よりすばらしいものにするためにこんな事を提案したい。

声を出して「おはよう」「さよなら」を言い合おう。

現代は人間疎外（人間同士が親しめず近ずけない事）の時代であると言われている。つまり人間同士がなかなか親しくなれない時代なのだ。

しかし、我々はその風潮を打ち破っていかねばならぬ。そしてそれは決してむずかしい事ではない。お互いが「おはよう」「さよなら」を言い合えばそれでいいのだ。君から率先して言えば良いのだ。

「あいつは下級生なんだからあいつの方から…。」「あいつは他のクラスの奴だから、なんであいつにあいさつをしなければならないんだ…。」「あいつはおれにあいさつをしやがった。ちょっと位出来るからって人をバカにしやがって…。」「あいさつをするのは義務ですか…。」「あいつはおれになにか下心でもあるのか…。」「頭を下げるのは降伏を意味する。おれはあいつに降伏すべき何ものも持っていない。」

あ〜、おろかしい時代だ。人間が、お互い同士親しく生活するのにこんな理屈がなんで必要だというのだ。

それでお互い同士が近づこうとしない。そのくせ親友のないことを嘆いている。

この世の中のどんなことよりも人間同士の心の通いが大切だ。つまらない理屈によって大切なもの、人間にとって一番大切なものを失っていく人間たち。実力テストが出来たからって出来なかったからって、それが人間関係にとってどれだけ重要だというのか。

先生だから、生徒だから、上級生だから、下級生だから、隣のクラスだから、自分のクラスだから…。そんな事で何を照らう必要があるというのだ。それは決して人間同士を疎外させるために作られたものではないはずだ。

それなのに我々は、自らの手でおたがいを阻む壁を作りあげてしまっている。

幼かった頃を思い出してみよう。あるいは我々のまわりにいる子供達を見てごらん。物事に素直に反応していく心の美しさ。うれしい時に心から笑い、ある時はかなしみ、おびえ、求める、その表情の豊かさ、人間らしさというものがそこにある。

それが大人になってくるにつれ、表情はこわばり、瞳は光を失っていく。我々は人間らしさを失ってはならない。我々にとって大切なのは、心から他人を、友人を尊敬し、愛し、共に向上し合うことではないだろうか。そこから人間らしさが回復するのだ。

むずかしい事を言う必要はない。

まずあいさつから始めよう。なんでもないようなその一声が、ある者には何でそんな簡単な事をと思っているその一声が、他の一人にとっては1000トンの重荷をはねのけるよりももっと重荷なのだ。しかし、それが重荷に感じたら、しめたものだ。その人は現代人の心の病、人間疎外から半歩脱したことになる。静高をすばらしいものにするために、声を出して「おはよう」と言い合おう。さあ、まず君からだ!

怒れ! 劣等組

宮本市というのは山陰地方にある、農漁村の合併によって出来上った中小都市である。その中心部に宮本高校がある。この学校は宮本市唯一の大学進学校であるが、中小都市であるためか進学率はあまりはかばかしくなかった。

新学期に入る前日、職員会議がひらかれた時、進学率のはかばかしくない事に関する反省の声がもち上った。

そしてたいした根拠もないままに、本年度は能力別クラス編成にしようと決定したのである。

三年生のクラス担任の決定は難行を極めた。そして最劣等クラスの主任には、工東先生というおとなしい独身の先生が決定した。彼ならば、適当に、うやむやにさせていくだろうと考えたからである。

しかしながら、表面的におとなしい人ほど、心は激しく燃えているものだ。工東先生はその夜一晩、一睡も出来ないほどに考えあぐんだ。彼は教育が楽をしながら効果をあげようとするそのやり方に反対だった。

そしてとうとう朝方になってから、おとなしい彼にしては珍しい、死ぬ気になってやってみる、というある一つのプランを思いついたのである。

始業式が終わって新しい組に入った時、生徒はその顔ぶれから学校の意図を敏感に感じとっていた。

工東先生は自暴自棄的な生徒達を前に開口一番こう言った。「諸君！　この組は全校一の劣等組だ。」組中に反発した空気がながれた。彼はかまわず続けた。

「私はこれに反対だ。いい者を集めれば良くなり、悪い者は悪くて当り前、などという考え方で教育といえるか。私はこの組のヒミツを言ってしまったが、私はその安易さに腹を立てたからだ。君達は怒らないのか。憤慨しないのか…。」怒りも忘れていた卑屈な劣等生達も、ようやく怒り始めた。

彼は続けた。「私は今から、この教育に徹底的に反対する。君達も怒れ！　憤慨するのだ。そして一番憤慨する方法が一つある。それは、この組の者が出来るようになってしまう事だ。私も死んだ気になってやる。どうだ、君達もやってみる気はないか！　そして他のクラスを、学校を見返すのだ。」

生徒たちもなんとなく、自分達の、とるべき態度が掴めてきたらしい。

かくして工東先生と劣等生たちとの間に血のにじむような、だが奇妙と言えば奇妙な活動が始まった。

クラスの中には頭を坊主にする者や、大きな紙に赤インクで「怒れ！　劣等組」と書いて黒板の横に貼ったり、異常な雰囲気が盛り上がった。しかしそれだけではだめだ。工東先生は具体的なプランをたてた。まず、比較的出来る者を各教科の責任者に決め、一人も落伍者を出さないようにし、劣等クラスだという事から授業が雑にならぬよう、一日一回の質問を義務づけ、彼自身、夜おそくまで学校に残って指導し、それが一年間続けられたのである。

その結果このクラスは学校一の進学率を上げるクラスとなったのである。

しかし「能力別編成は優秀組においてはさほど効果がない」との理由で翌年からまた廃止された。

現代教育に望まれるものの一つは、教師と生徒との愛と情熱である。

旅をしよう

我々の生活は毎日毎日がだいたい判で押したように決まりがちである。むろんその中で、いろいろの喜怒哀楽はあるだろうが、それにしても生活の範囲は決まっているし、行動の時間、とりまきの人間も決まってしまっている。

そのような決まりきった生活の中にいると、自分の性格、先入観、常識、環境、さらには世界観、理想といったものが固まってしまい、反省する機会もなく、したがって進歩もない。

わがままな人間には、そのわがままが押し通るような形に、あわて者にはそれがおぎなわれる形に生活が出来上ってしまっているのだ。

そんな人間が自己を反省し、向上するためには、その決まりきった生活のメカニズムを一度壊してみることだ。人間の常識は、非常識的な事実に出合うと動揺する（三木清）からである。

メカニズムを壊すには、自分を、異なった環境においてみるのも一つの方法である。しかし現代においては、そう簡単に環境を変えるわけにはいかない。そこで、クラブ活動やサークル活動、キャンプ、旅行といったものが取り上げられるのである。

中でも旅行は、旅をしている間、我々をいままでの環境からまったく遮断してしまう。だからそれだけに、我々に対する影響も大きいのだ。

人間にはいろいろな性格がある。なかなか環境になじめない人、つい人にわがままを言ってしまう人、物事に対して消極的な人、ずるずると大勢《たいせい》に引きずられてしまう人、ルーズな人、すぐあわてる人、計画性のない人、協調性のない人、神経質な人、見栄っぱり、人にケチをつけたがる人、すぐひねくれる人、おこりん坊、暗い性格の人、すぐに飽きる人など、こんな人は、旅行（特に団体旅行）に行くとたいていなにかを引き起こす。

時間に遅れたり、ブツブツとあれこれ文句を言ったり、すぐケンカを始めたり、やたら不愉快な顔をする人、楽しい旅行をわざわざおもしろくないものしようと努力する人、グチをいう人、嘆く人…。

このような行動は日常生活にも、むろんあるにはあるのだが、まわりの人はそれなりに心得ているため適当に扱われてしまうから、すこしも反省できないが、旅に出て、うまくいかない事に出くわして、自分の性格というものを知ることができるのである。

「郷に入れば郷に従え」という言葉があるが、異郷に入ったら、あくまでもその土地のペースに合わせて行動し、考え、見ていかねばならない。

雪との戦い、酷暑との戦い、ハダシの生活、高度の消費文明……。これらを決して己の生活とひき比べ、自分達の方が良いの悪いのと言ってはならぬ。

頭の柔軟な人は、それから地球上の人間が、長い歴史を通して、いかに順応し、反逆し、自然を克服していったかを知り、異なった環境に投じられた共通の努力から、この愛すべき我々の兄弟を世界中に見出すことであろう。（世界中の人間は皆同じなのだ）

旅は決して贅沢なものではない。旅によって人間の行動半経を広げ、それから思考のスケールを大きくしていく事が大切なのだ。青年よ、旅をしよう。

男らしさ

現代に生きている人間の中で、誰が一番天才であるか、という事を問われたとしたら私はちょっと迷う。

しかしながら、私の知っている者の中で誰が一番男らしいか、という事になれば、ためらう事なく「ゲバラ」の名をあげるだろう。

エルネスト・チェ・ゲバラは一九二四年アルゼンチンの建築家の家に生まれた。彼は医学生の頃から社会の悲惨さに心を痛め、革命運動に身を投じた。

そして以来、彼はアンデス山中を歩きまわり、メキシコに行った時、キューバのカストロと歴史的な出会いをして、それ以後彼らは共に活動するようになった。彼らは一九五六年メキシコからヨットでキューバに上陸し、シェラ・マエストラ（山）にたてこもり、苦心の結果一九五九年一月、独裁者バチスタを倒して民主的な政権を作り上げた。

そしてゲバラもカストロ政権の工業大臣となったが、彼はそのようなホワイトカラーを好まなかった。そこで彼は一九六五年のある日カストロに手紙を残して忽《こつ》然とキューバから姿を消したのである。

「世界の他の国が、私のささやかな努力をいま求めている。キューバ指導者としてのあなた（カストロのこと）は、自分の立場に対する責任上やる事のできない事を、私ならやる事ができる。我々には別れの時がきたのだ。私はあなたの教えてくれた信条、わが人民の革命精神、もっとも神聖な義務を果そうという感情、それらを新しい場へ、それがどこであれ、戦いの場へひっさげていこう…」

そして現在、彼がどこにいるかは公にはまったく分かっていない。（ボリビア説が有力だが…）。分かったのは、彼が地位や家庭の幸せなどいっさい投げ捨てて、ジャングルの草をしとねとする生活を選んだという事実である。

私が彼に男らしさを感じるのは、自分が何か成すべきだという信条を持った時、それがどんな困難な、危険な事であっても、迷う事なく我が身をそれに投じていく事のできる信念の強さと強烈な行動力である。

程度の差こそあれ、人間誰しも「成すべきか否か」という岐路に立たされる事がよくあるものだ。そして成す方を選べば当然そこに多少の危険を伴うものだ。女性はそんな時、例外なく安全な方を選ぶ。それは女性の本能だというよりもむしろ不安定な地位に置かれ続けた女性の歴史が、女性をそのようにふるまわせるのである。

ところが逆に、踏み込んでいってもなんら危険がないかもしれないし、踏み込まなければ安全かもしれないが、何も得るものはないのだ。だから成すべきか否かは法律などでは決まらない、ただその人の決意いかんにかかってくるのである。そして歴史は絶えず、そのような岐路に立たされた時、思いきって踏み込んでいった勇敢な、男らしい人達の手によって前進させられてきたのである。そしてゲバラも、歴史を推し進めようとする勇敢な、男らしい者の一人だといえよう。

むろん成すべき事の内容は違うが我々も日常生活の中で、もっともっと前向きにたくましく、男らしく生きたいものだと思う。

こうメイチョウは語った

◎弁当は食べる事に意義がある。

これは分かりきった事だ。しかしそれなら我々のもっている人間の価値についてはどうだろうか。アチーブ、実力テスト、成績表、大学入試…。ただ単にどのくらい頭へ詰め込んだかという事で人間の価値をはかろうとしている。

そしてうまく詰め込んだ奴がエライ奴とされるのだ。

しかし詰め込んだ弁当は食うことにその価値があるように、頭に詰め込んだもろもろの知識からなにを生み出し、作り出していくかが大切なのだ。

どれだけ詰め込んでいるかだけで人を見るのはやめよう。そこからさらに何をつくり出し、生み出そうとしていくかで見ていこう。そこではじめて、我々は人間のすばらしさに気付くのではないだろうか。「知識は力なり。ただし、実践しようとする者においては」

◎何を言ったか

真理はだれが言ったからではなく、何を言ったかで決まる。

どんな人間の言葉の中にもすばらしい真理が必ず隠れているものだ。九十九の無駄話から一つの真理を発見しよう。そしてそれを二つに増やす事が出来たら、その人は聞き上手だ。

もし一つも価値がなかったら…。

それも聞き手の責任だ。価値がなかったからでなく発見しなかったのだから。

◎本当の文学

我々はよく読書をする。読書は本当にすばらしい。我々に生きるべき道を教え、学ぶべき指針を与えてくれる。しかし注意すべき点もあることを忘れてはならない。というのは、本が書けるということ、それがすでに本当にかぎられた一部のエリートにすぎないということだ。むろん彼らから多くを学ぶ事も必要だ。しかし、自分というものを文字にすることすら分からぬ者の涙こそが、人間の本当に心からほとばしり出た感情であり、それに感動することが生きた本当の文学を学ぶことではないだろうか。

もっともっと本を読もう。しかし、同時にもっと実社会の中からも感動していこう。そして、それに多くの価値を見い出そう。

◎読み・書き・語れ

まず読もう。先人の教えを知るために、つぎにそれらをまとめてみる事だ。頭の中で考えている時は結論がなくても良いが、書くとなるとそうはいかぬ。序文あるいは問題提起から始まり結論へとすすませるためには、いやでも論理的にならずをえない。そして語れ。自分の言葉で語れ。そのためには先人の教えをよく消化しておこう。

◎ボクの仲間

僕の仲間は明るく意欲的に生き、思いやりがあって忠実で友情に厚く、一生を学び続けようと固く決心し、みんなで楽しく生きようと心を配る。

僕の仲間は先生だけではない。

農民も労働者も学生もみんなそうだ。若い心を持ち、生き抜こうとする者達だ。

僕の仲間は離れ離れでいい。

一生会えなくても心が分かっていれば、友情は山河《やまかわ》を越えて飛んでいくだろう。

僕は仲間がほしい、そんな仲間が、一生を美しく生き抜くために。

メイチョウの哲学入門

一九六六年（昭和41）9月8日〜一九六七年（昭和42）2月20日

メイチョウの哲学入門（一）　哲学を学ぼう

君達には子供の頃こんな事はなかっただろうか。何かに疑問を持つと無性に知りたくなり、親に「何故？　何故？」とたずね、親が答えるとまた「それは何故なの」と聞いては親を困らせたりした。

これは一つには親でもからかう事が出来るのだという事に気付いたからかもしれないが、実はその中に「一つの疑問の解決は、必ず、より高次の疑問を生む」という哲学上の問題を彼は幼な心に発見しているのだ。

ところが現状を見てみよう。子供の頃のその敏感さ、素直さ、疑問に対するひたむきさはどこに消えてしまったのか、あまり考えようとしなくなってしまっている。

子供の頃でさえあれだけの疑問が湧き、それを聞きたださずにはいられなかったのに、大人になって、より高次の疑問が我々のまわりを取り巻いている事を知っているはずなのに、我々はなんとまあ、何も考えずに自分の疑問を適当にうやむやにさせて、むしろ考えることすらバカげているというような気持で安逸に生活しているのではあるまいか。そして高校生というハイレベルな知的要求者を指導すべき教師でさえもそれに答えようとしていない。

高校生が「何故学問を学ぶのか。」とか、「数学を学ぶのは何故か」とか、「現代教育はこれで良いのか」というような自分の環境から出てくる極めて平凡な疑問に対してでさえ「受験のためだ」などという答えしかはねかえってこない。だから現代に対して感ずる種々の疑問や問題点にしても、どうせ考えたって無駄だ、とか、そんな事を考えずに自分だけのうまい世渡りをすればいいのだ、というような消極的な、いじけた、卑劣な人間が作られてしまっているのだ。

だが人間には納得できるような理論も必要だ。人間は、自分の心に本当にぴったりする解答が得られた時、その物事に対して心から意義を感じて熱中するものだ。そして熱中する姿勢を作ることから、大きな成果を生み出していくことができるのだ。

我々の理性を本当に揺り動かすような解答を求める努力、それが現在、あまりにもなさすぎ、自分達の行動になんら価値を見出せずに、運動場を舞う紙くずのようにさまよっているだけなのだ。

だが、何かあるのではないだろうか。ただ我々の心を安易にマヒさせるような日常的なものではなく、もっと深く、もっと高く、おもわず目を見張るような、勉強せずにはいられなくなってしまうような、理性をふるわせるような、これだ！　と頷けるような、何かがあるのではないだろうか。

我々はあまりに平易に社会に妥協し、あまんじて生きているのではないだろうか。もっと何かを求めて生きようではないか。生活の合間でも、受験勉強の後でもよいのだ。もっと味のある、深いもの、人生に信念がもてるようなもの、友人に心から語れるようなもの、充実した気持になれるようなもの。そんな何かを学ぼうではないか。見いだそうではないか。

その「何か」とは何か。私は、それこそが哲学だと思うのである。

メイチョウの哲学入門（二）　**哲学とは何か**

さて今回は、しからば哲学とは一体どんなものなのかを考えてみよう。

実のところ、哲学とよばれるものほど、分かりにくい、定義しにくいものはないようだ。

百科辞典をみても、はっきりとした定義はうたっていない。だから昔から哲学者とよばれる人達のやった仕事の内容は非常に多種にわたっている。

愛について説くものもいたし、物質の根元について説くものもいた。

現在、哲学とよばれるものも、文化哲学、科学哲学、宗教哲学、芸術哲学、法哲学、数理哲学、自然哲学…等々、非常に数多く存在している。

「なんでも下に哲学とつければ哲学になるのだ」なんて言った奴もいたが、たしかにそんな感じもしないではないほど、種類も多く、内容もあいまいなものなのだ。

しかし、その全体を通して言える事は、外界、人間内部などの、発生、存在、生成、消滅、運動、変化、相関関係等を考察し、その意義を知り、我々の人生や日常生活に役立たせるといったもの、それが哲学であるということだ。

我々の住んでいる環境は、極めて複雑なものだ。我々が学問を通して論理的に、科学的に分かっている事は本当に少なく、しかも極めて表面的な、断片的なものだ。そしてその下の、我々の目のとどかぬ、まだ科学が証明する事のできないものはあまりに多い。

したがってある一つの事実、事件が自分に大きな影響を与えたとしても、それが何によってもたらさせたものなのか、どこをどうすれば解決がつくのか、それが分かるものばかりとはかぎらない。それが分からないとすればあとは推測しかない。推測によって事を運んだり、論理を押し進めていく場合が極めて多いのだ。その推測には、あてずっぽうのものもあるが、必然性のあるものもあろう。その推測が哲学の分野なのだ。

哲学は絶えず自然科学や社会科学の先頭に立ち、レーダーのように未知の分野を探究し、絶えず推測し、類推し仮説をたて、予見し、自然科学があとから証明していった。だから現在まで、世界中の、いや、宇宙にいたるまでの疑問の多くが科学者の手でなく、哲学者の手によって予見され、解決されていった。

宇宙が星雲から出来上がっていくのだという仮説をたてて宇宙の生成説に画期的な進歩をとげさせたのは、天文学者ではなく哲学者のカントであった。

このように、哲学は絶えず学問や、我々の生活の先端に立って、絶えず考え、絶えず自分達がどのように生きるべきか、という指針を我々に与えてくれるわけだ。

だから内容も幅広いものになってしまっているわけだが、我々は決して宇宙の生成や原子物理について考える必要はない。我々自身の幸福に直接つながるものについてどうすればよいか考える事、これがすばらしい哲学なのだ。

なにか日常的な事について疑問をもち、解決するような方針を立て、それを実践し、反省し、より高い、より深いものへと進んでいく。この一連の行動を哲学と呼んで良いのだと思う。

メイチョウの哲学入門（三）　哲学はむずかしいか

中学生の頃、友人達とふざけたりしている時、冗談話に自分が現在、どんなにむずかしい事を勉強しているかを示そうとして「オレは今、微積をやっているのだ。」とか「オレは哲学を学んでいるのだ。」などと言い合った人も数多い事だろう。

中学生の頭の中には、哲学というのが「むずかしいもの」「高級なもの」「わけの分からないもの」などということの代名詞になっていたわけだが、たしかに今までの哲学には、そのような面が多くあったようだ。

もともと哲学はその扱う対象が未知なもので、その上幅の広いものであるから、とかくむずかしくなりやすい事もあったが、むしろ自分にしか分からない言葉や手順で説明した方が、そのむずかしさに拍車をかけたようだ。

へんな言い方をするならば「やさしい事をむずかしく説明する」のが今までの哲学であったというわけだ。

この辺をもう少し掘り下げてみよう。なにかを他人に説明する場合、一番良い方法は、誰にも分かる単語や論理で説明する方法であることは言うまでもない。現代においては科学的な説明が一番客観的で共通に理解する方法である。しかるに自然科学がまだ未発達な時代には、説明もその人にだけしか分からないような勝手気ままなものであったため理解しにくいのである。例えば、原子も、科学によって原子と名付けられ、全人類に共通な知識となるまでは、哲学者や科学者によって「物の不変的本質」だとか「実体」だとか、「微体」などと勝手によばれていた。

こんなふうに各人が各様に説明するのであるから実に分かりにくいのだが、その上論理もまた勝手気ままなもので、「意志とは、まさに本質的に自由な意志である。」などという哲学者がいたりする。「メイチョウは、まさにビボウなメイチョウである。」これが文になっているだろうか。

しかしながら次第に科学が進歩し、皆の共通な知識となるにいたり、いろいろな説明にも科学的に説明する方法がとられるようになって、分かりやすく誰にも共通な理解がもてるようになった。そして科学の進歩と共に、我々の理解力も高まり、かつては大人達に高度な論争を巻き起こさせた宇宙の生成に関するカントの星雲説や、ダーウィンの進化論などでさえ、今では少年マガジンの中のマンガに出てくる程の、極めて平凡な基礎的知識になってしまっている。つまり哲学も、自然科学の進歩によって、論理整然と誰にでも分かるように説明することが出来るようになり「分かりにくい事を皆に分かるように、やさしく説明」できるようになってきたわけだ。

しかも前にも述べたように、一つの疑問の解決はより高い疑問を生む。したがって、昔よりもそれだけ、より高い科学の知識を必要とするようになった事も事実である。

そんな点から、我々が今後いろいろな事を考え、説明し、実行していくための基礎として科学的な学問の必要性がますます大きくなってくる。

高校で科学教育を重視するのも一つには、そこに意味があるからであろう。

古い哲学と新しい哲学

古代から、哲学はいろいろあって、各人が各種さまざまな事について各様な説を述べてきた。

しかしながら近世に至るまで、哲学は大局的な、究極的なものを目指すという事ではあったが、極めて抽象的な内容で、単に世の中について自分の言葉を使って説明しているだけにとどまっていた。

つまり古い哲学は、その国のその時の政治体制や、経済の仕組等には関係なく、ただ自分の頭の中だけで作り上げた見解を述べていたわけだ。

ところが十九世紀になって現われた哲学者の中で、マルクスとエンゲルスという二人は、弁証法というヘーゲルの哲学を批判しつつ取り入れ、自分達の見解と合わせて、弁証法的唯物論という、全く独自な哲学体系を作り上げて発表した。

この哲学が古い哲学と大きく違う点はいくつもあるが、それはまたいずれその説明をするとして、その中で、特にその哲学がどのような意図をもっているものかを見てみると…。

先にも述べたように、いわゆる古い哲学は、その時代の政治体制等からまったく遊離して中立をとり、哲学たるものは究極の真理を示すものであるから、その時の政治の体制には関係がないのだと言っていた。だからその哲学には、国造りという、世の中を具体的に動かしたり改造したりしていく力は全くなかったといって良い。

マルクスの言葉を引用するなら「彼らは単に世の中を自分の言葉で解釈しようとしているだけ」だったわけだ。

ところが弁証法哲学においては、あらゆる体制に中立な哲学というものはあり得ない。どんな哲学も、どんな意見も中立ではあり得ず、必ずそれが無意識のうちにも擁護している背景があるという考えで、したがって彼ら自身、この哲学はプロレタリア階級を擁護する哲学であるという事をはっきりと言っている。哲学の中で特定の階級を擁護するという事をはっきり言った哲学はこれだけで、他はそれに気付いていなかった。

そしてこの哲学は極めて現実的で弁証法という法則に基づいて政治をも解釈しており、具体的な政治のやり方をも持っているのだ。

したがって他の哲学が理想を持ちながら具体的な方法を持たぬためそれを実現できなかったのに比べ、その哲学は、具体的な国造りの方法を持っているために、それを学ぶ事がそのまま新しい国造りの実践にもつながっていくわけだ。

最近、中国で毛沢東思想というものが国民に学ばれており、紅衛兵の騒ぎ等も起こっているが、この思想がすなわち弁証法に基づいた国造りの方法であるわけだ。

このように古い哲学は抽象的な、単に説明するだけにとどまっていたのに反して、新しい哲学は、具体的で科学的であり、説明にとどまらずに、一つの国家造りにまでおよんでいくところに、著しい特色があるように思われる。

その個々の内容については、いずれ述べることにしよう。

メイチョウの哲学入門（五）　高校生の哲学

今回は、高校生がどのようにして哲学を学んだら良いか考えてみよう。

むろん高校生とはいっても一年生と三年生では持っている基礎的な知識がちがうし、文科系や理科系等といった性質の差などもあるだろう。

したがって、きわめて大まかな一般的な事について述べてみよう。

先に「哲学はむずかしい事をやさしく説明していくもの」というふうに述べたが、そうはいっても哲学は絶えず時代をリードしていくものであるから高校生の持っている知識では難しく感じる場合があるだろう。（むろん高校生であっても十分に理解できる者もいるだろうが…）

しかし哲学の学び方には、難しい知識を持っている者は持っているなりに、持っていない者は持っていないなりに、共通な頭の使い方というか、論理の追い方があるのだ。

つまり、簡単な事であっても、それに対し自分なりの疑問を持ち、それに関していろいろ考え、それに対する意見を持ち、実行し、少しでも向上、改善し、さらに反省していく。この繰り返しが、哲学的態度とよばれるものだろう。この態度は、難しい問題を扱っている哲学者であろうと、高校生であろうと少しも変らない事なのだ。

そういうと、そんな事はとっくにやっているぞ、という高校生もいることだろう。私の知っている高校生にも、自分で社会のいろいろな事に対して、どんな簡単な事でも、それを書きつけそれに対する自分の意見をまとめる努力をしている者が何人もいるが、実は彼らのやっている事こそが高校生としての本当に立派な哲学なのである。

つまり哲学というのは、理科とか、社会科とか、というような教科の一つではなく、それらを学ぶ時の態度というか、学び方といったものだといってよいだろう。だから以前、

「何でも下に哲学とつければ哲学になるのだ」などといった奴がいる話をしたが、まさにそのとおりなのだ。

例えば数学なら数学一つとっても、現在高校生の学んでいるのは、「数学の目的」ではなく、問題を解く技術を教えられているにすぎない。ペンキをなぜ塗るのかではなく、どうすれば、ムラなく塗れるかという技術を学んでいるだけなのだ。初歩の人間ならただ塗っているだけで楽しいだろう。数学だってそうだ。しかし間もなく、彼の頭の中には「何のために塗っているのか」等色々と新しい疑問に取り憑かれるに違いない。数学も「数学こそが必然性を認識するための論理学の訓練である」等と教えられて、初めて技術ではなく目的を学ぶ事ができるのだ。

これが数理哲学なのである。

我々の身のまわりには、いろいろと分からない事が多い。しかし、その疑問を大切にしよう。疑問には考えなくてもよいというものは一つもない。すべて分かるとはかぎらないが、分かるところまでは考えよう。身近なものから真剣に、まじめに、地道に取り組んでいこう。ノートに書いて考えてみるのも一つの良い方法だ。それが高校生の哲学に対する態度であると思う。

弁証法哲学と観念哲学

地球が球体であるとか、万物流転といった考え方は近世以後にはごく当り前の知識となったが、これを最初に発見、ないしは予見したのは、実はギリシャ時代の哲学者たちであった。

しかしながらギリシャ、古代ローマの文明は、その国家と共に滅亡し、やがて停滞した中世がヨーロッパを支配するようになると、万物流転の思想は忘れ去られ、朝、太陽は東から登り、夕、西に沈む、といった単調な毎日毎日が決まりきった、それが永久に続く生活であると考えられるようになった。

しかしながら近世になって、科学上の発見や、理論的進展、文芸復興等によって宗教上の圧迫によらない新しい学問が発達しはじめ、万物流転の法則もヘーゲルによって体系づけられた。これを弁証法哲学とよんでいる。

弁証法哲学の内容にはいろいろあるが、煎じ詰めれば「事物は生成・発展・衰退・滅亡の経過をたどる」というもので、それに反して、不変のままである、ないしは、時間の経過を考えに入れないような哲学を観念論とよんでいる。

例えば、人間について考えた場合、観念論者は時間の経過というか、歴史の発展段階については考えようとしない。つまり彼らは「人間はいかに生きるべきか」といった考え方をするのである。人間が永久不変のままのものであるのなら、この解答は我々に大いに参考になる。しかし「人間」とは言っても、歴史的に発展しているのであるから、その時代時代によってその生き方は当然ちがうはずである。古生人類の生き方と、現代の我々の生き方とがちがうのは、だれが考えたとしても当り前である。つまり、観念論者が、「人間」と言っているのは実は現代に生きる者という意味であるが、彼は、過去の人間と現在の人間の違いをあまり認識していない。これが観念論といわれるゆえんである。

これらは、我々のまわりにもよく見られる。「我々の生き方」を考えないで、漠然とした「青年の生き方はどうあるべきか」を考えたり、「我々はどのような愛情を築いていくべきか」のかわりに「恋愛とは何か」について考えようとする。愛情は不変だろうか。不変ではない。よしんば不変だとしても、その時代時代の社会的制約によって、その表現、習慣といったものは当然変わってくるはずである。

というように、観念哲学というものが、時代というものによる変化を考えようとせずに、自分の頭の中だけで考えようとするのに対して、弁証法哲学は、その時代時代の背景を考え、それをもとに、どうあるべきかを考えていくもので、それだけに現在が歴史の中のどのような位置にあるか、という事が実に大切なものになってくるわけだ。

弁証法哲学は、いわば歴史を基盤とした哲学とでもいうことが出来よう。

また、この哲学によれば、この世の中の諸々《もろもろ》の動きは主に次に述べる三つ法則に基づいているという。
1　量から質への転化
2　対立物の相互浸透
3　否定の否定
次回はこれらについて述べよう。

メイチョウの哲学入門（八）　**量から質への転化**

ヘーゲルは、事物の動きを観察した結果、弁証法哲学という新しい哲学を体系づけた。それによれば、発生し、成長し、衰退し、死亡するという一連の動きをする事物はさらに細かく見ていくと次のような主に三つの法則に基づいているという。

1　量から質への転化
2　対立物の相互浸透
3　否定の否定

そこでまず量から質への転化について考えてみよう。量から質への転化というのは、なにか量が増大（減少）していくと、ある所までできた時、今までのものとは違ったものに変わるということだが、我々のまわりの事物の運動には、このように変化するものが非常に多い。例えば卵を温め、何日か経つ（量の増大だ）と、ヒヨコという質的に違うものになる。水を熱してみよう。百度まで増大させれば水蒸気という異質なものになる。氷も同様だ。

人間だってそのような経過をたどっている。胎児は何日か経てば赤ちゃんになり、何日か経てば大人となり、やがて死という質的変化をもたらす。

物質も細かく割っていけばやがて異質な陽子とか中性子とかになってしまう。昆虫の卵、サナギ、成虫の変化もその通りだし、化学においてはさらにはっきりしている。COとCO_2とCO_3、O_2とO_3など、量の増大が質的な違いを生じさせていることがよく表れている。

野球だってそうだ。ストライクやボールの増大がワンアウトに質的変化し、アウト数の増大が（三つで）一回の裏になるという質的変化を成すわけだ。

というようにくどくどと卑近な例を述べたが、しからばそのような法則を知っていると何故良いのだろうか。実はこれが大切な事なのだ。何故なら、事物の運動の必然性を知っている者は、次の予想を立てる事が出来るからだ。（哲学ではこれを予見といっている）

メンデレフは化学史上画期的な周期律表を作り上げ、未知な元素までをも予言したが、これはまさに量から質への転化を応用したものといえよう。また、いろいろな事を指導する場合も、時代が変われば（これは質的変化だ）当然対策も変わってくるはずである。したがって指導者は、その時代時代がそれぞれどのような時代であるかを絶えずとらえ、その時代に一番適当な指導をしなければならないわけだ。

それなのに時代の変化を知らずに昔ながらの注意や指導をする者は、なんら役に立たないばかりか、物笑いのタネになってしまう。逆に時代の移りかわりをよくとらえる事のできる指導者は、その指導もまたその時代に適したものとして受け入れられるにちがいない。

そのうえ将来に対する予見も立てることができ、極めて万全な対策をもつことができるであろう。

このように量から質への転化の法則を知っていると、世の中が移り変わり、将来どのように変わっていくのかもある程度分かるようになるわけである。

諸君もぜひ、物事の経過を観察して質的転化を知り、予見し得るようになってほしいと思う。

メイチョウの哲学入門（九）　対立物の相互浸透

観念論によれば、相反する二つの物は、相互にまったく関係のない独立したものであった。例えば、生と死、偶然と必然、動物と植物あるいは生物と無生物、牽引と斥撥《せきはつ》などは、お互いに関係のないものであった。

ところが弁証法哲学においては、これら一見したところまったく関係のないような二つの事象が、その内部において浸透しあっているというのだ。

生と死、言葉の上ではまったく相反しているような事だが、生体であってもその細胞は絶えず死滅し新陳代謝していく。また死者でもしばらくはヒゲが生えるという。このように生と死は、おたがいに絡み合っているのだ。

また、偶然と必然にしても、まったく相反したもののように考えられていたが、偶然とはいってもそれを分析していくと、いくつかの必然性から組立てられている事が分かる。例えば野球で四番バッターが右中間にヒットを打ったとしよう。これは偶然かもしれない。

しかし彼の力、バットの反発力、投手の投げたボールのスピード、バットとボールの当たる角度、これらの取りうる組み合わせは無限であろう。しかしその無限の組み合わせの一つ一つが必然的である。その中に右中間に飛ぶ必然性のものもあるし、サードゴロになる場合もある。我々は無限の必然性の網の中におり、サードゴロか、右中間の当たりになるかはきわめて偶然的であるが、どれ一つとっても、飛ぶべくして飛んだのである。つまり、空振りしたのにボールが右中間を転がったり、三塁の頭上を越えたボールがライト線を転々と転がっていくといった偶然はあり得ない。というように、今までまったく関係なく対立していたはずの偶然と必然もそのように絡み合っている事が分かったのである。また、生物と無生物も、ビールスの中に鉱物の性質（結晶を作る）を持つ物が発見され、その区別は判然としなくなっている。

このように対立した物が内部で実は相互に絡み合っているという事を知るのは、教師や生徒にとって大きな教訓である。というのは現代の観念的なこの社会においては、相反しているように見える対立物を、そのまま対立させて考えてしまっているからである。

例えばスポーツと学問、受験と人生勉強、プレーと応援、これらはすべてお互いに密接にからみ合っているのだが、現実は必ずしも、それを見抜いて指導がなされてはいない。運動クラブに入っていれば、すぐやめるように言う主任や父兄は多いが、激しい修練から生まれる知的な面を見ようとしていない。（無論選手も知的な面を忘れてはならぬが…）応援も、応援している自分がはげまされている面を見よう。友人に勉強を教えてやれば、それが自分の理解をより深めているのだ。

現在の静高がともすれば伸び悩んでいるといわれるが、それはこの哲学を知ろうともせず、相反する物をなくしていけば残った物が良くなると考えるからで、相互浸透を知っていれば、スポーツとか、人生勉強とか、出来ない人とかを大切にする事こそが、かえって大なる成果をもたらすはずであるという事を確信するのである。

メイチョウの哲学入門（十）　否定の否定

ある一つの事を否定して、それを再び否定したら、元にもどるだろうか。そんな質問をすれば、だれでも笑ってもと通りになるに決まっているというにちがいない。たしかに言葉の上だけなら、元にもどるであろう。しかし現実の動きはどうだろうか。

例えば、仲の良い友人とケンカをしたとしよう。これは友情の否定だ。しかしケンカの原因が分かり、仲直りが出来れば、その原因をうやむやにさせていた以前よりももっと友情は深まるであろう。また、君達は勉強している。しかしながら時には、なんでこんな勉強をしなければならないんだ等といって勉強がいやになった事はなかっただろうか。しかしやがて、その勉強の意義が分かり、自分のおかれている立場が分かってくると、今度は前よりももっと一生懸命勉強するようになるであろう。

つまり現実の場合には、ある事が否定され、次にもう一度否定された場合には元にもどらず、前よりも形態に似た所はあるかもしれないが、一層進んだ形になるというわけだ。(だから逆にケンカしてそのままになった等というのは正しい解決ではない。より親しくなるのが哲学的解決であるわけだ。)

哲学ではそれを否定の否定、そして前よりも進んだ形になる事を「止揚（アウフヘーベン）」とよんでいる。

否定したものをさらに否定して、それが元にもどらず、さらに進んだ形になるという事。これがヘーゲルの偉大な発見である。

そして、それはそのまま我々の身のまわりにも応用することが出来る。

我々が何か改善しようとして、新しい事をやってみる。その結果、何か不都合な事が起ったりした時、つい「だから前の通りにやれば良かったのだ」とか「昔のままで行えば良いのだ」などと言いがちである。

しかし、この否定の否定という法則を知ってさえすれば、元にもどす事は決して進歩ではないという事がすぐ分かるだろう。何故なら少なくとも改善されなければならなかった事が元の場面にあったからで、改善しようとした事が失敗したからといって、元の改善しなければならない要素にまで目をつぶる事はできないはずだからである。

これらは現実の社会に数多くみられる。「昔の子供は規律正しかったが、今の子供はルーズだ。だから昔の世の中のようにしなければ…」「最近の子供はヒヨワだからもう一度軍隊をつくって鍛え直せ」「親孝行を知らないから元の家族制度にしろ…」「昔はイカッタ、イカッタ…」今の子供に反省させたい気持は分かりすぎるほど分かるが、残念ながら元の形にはもどるはずがないし、もどしては進歩ではないのだ。
我々は失敗を恐れてはならない。失敗は一つの否定だが、その失敗を成功に導くことによって、前よりも、もっと進歩した状態にまでアウフヘーベンする事ができるのだ。

我々は物事をなす時、同じところをぐるぐるまわる事のないよう、絶えず向上するためにも、このような哲学を知って、今何を成すべきかという時、いつでも最善の道を発見するようにしていきたいと思うのである。

メイチョウの哲学入門（十二） 自由とは何か

現代に生きる者にとって、「自由」という言葉ほど魅力のあるものはないであろう。しかし一方、この言葉ほど、いやらしい、卑劣な、やらないで済ませる口実になるものもない。

つまり「自由」という言葉ほど自由に勝手に使えるものはないからで、それでいて、自由というものになにか、言うに言われぬ説得力があるような気がしてしまい、「そんなのは自由だ」とか、「自由にしろ！」などと言われると、つい、なにも出来なくなってしまうのである。

ところがよく考えていくと、その自由という言葉自身は、きわめて矛盾した無責任なことばであることが分かる。

例えば、勉強する自由もあるが、勉強しない自由もある。読書する自由もあるが、読まない自由もある。クラブ活動をやる自由もあるが、やらないですませる自由もある。自分の意見を発表する自由もあるが、だまりこくってしまう自由もあるというわけだ。

だからそれらをたくみに使い分けて、自分の都合の良いものだけを主張しているのが現状ではなかろうか。

だがフランス革命の時、民衆は「勉強をサボる自由」や「意見をいわずにだまりこくっていられる自由」のために立ちあがって戦ったのだろうか。

決して決してそうではない。

自由というものは、ただ言葉だけでもてあそんではならないものなのだ。

我々は絶えず歴史というものを振り返って、相反した二つの自由のうちどちらの自由を人間が獲得しようと努力したかを知って、その方向に向かって進んでいかなければならない。それが歴史の必然というものなのだ。

歴史的に振り返ってみると、一番大きかった自由への闘争はやはり、フランス革命や、アメリカ独立戦争のように、封建制度や植民地主義による身分の拘束から自由をとりもどすための運動であった。日本ではそれが、与えられた形ではあったが、第二次大戦後、自由を得る事ができた。

ところが我々が現在ふりまわしている自由は、一体どんな事だろう。

オリに入れられていたライオンが、オリから出た時、次になすべき最高の自由はオリの前でねそべる事だろうか。やはりエサにめがけてとびついていく事だろう。我々も、封建制度さらには軍国主義というオリから解放され、一応自由になった。その時、我々が次に選ばねばならない自由はなんだろうか。やろうと思えばやれる事の中で、最も我々にとって必要な事を成す事ができるということ、これが、現在の我々の最大の自由ではないだろうか。

しからば静高生にとって最大の自由はなんだろう。自己を拡大させ、社会をよりよくするために役立つべく学び、鍛える事、それを妨げられない事が、最大の自由である。そのためには実践する事が必要なのであって、やらずにすませる自由を主張する事は、少しも自由の獲得にはなっていないのだ。

我々はもっともっと身心を使って、我々の成し遂げうるものを成し遂げ、充実した学校生活を送るべく、努力しようではないか。

「自由とは必然性の認識である」

メイチョウの哲学入門（十三）　人間のとらえ方

人間とは何か、実を言うとこんな議論は私にはとてもできるものではない。

したがってもう少し浅い議論にはなるかもしれないが、人間が人間を、どのようにとらえようとしたかについて、簡単にのべてみようと思う。

「人間　この未知なる者」と歴史家のトウィンビーはそういっているが、どうもこんな不可解な、多面的な、それでいてときにはあまりに単純になる、こんなものものめずらしいだろう。

しかしながら人間が環境というものに大きく影響され、左右されるという事は、古くから考えられていた事で、例えば二千数百年も前の中国の聖人といわれた孟子の性善説や、ほぼ同じ頃の筍子の性悪説などに見られるように、二人の主張はまったく相反してはいるけれども、要するに「人間というものは、本来は……なのだが、社会環境というものがそれにさまざまな衣服を着せてしまうのだから、良い社会環境で生活しなければいけない。」という事である。（いかにも家のまわりの環境をいやがって三べんも引っ越しをやったおっかさんの子供にふさわしい考え方といえる）

このように、人間が本来は何かであって、社会環境がその人間を変えたり決めたりしている、という考え方は、実は現在も多くなされているのである。

しからばはたして社会などの影響を消し去った「本来の人間」などといったことが考えられるのだろうか。

それに対する別な考え方もある。

無論その考えも社会環境に影響されないなどとは言っていない。むしろ社会環境のアカがガッチリとしみついて、その影響はぬぐい去る事ができるものではないという考えである。つまり、社会環境に影響されない場合の、「本来の人間」などというものはありえないというわけである。

つまりもっと分かりやすく言うとこんな事になるのではないかと思う。

我々は現在資本主義社会の中にいてそれに影響を受けている。そして、なにかの工夫で、その影響がしみついているマントを脱がせる事ができたとしよう。中から社会にまったく影響を受けていない、いわゆる人間の本来の姿があらわれるだろうか。

残念でした。そこから出てきたのは、封建制度のシミにまみれた衣服をまとっていた人間の姿であったわけだ。

しからば、その封建制度のシミがついた衣服をとったらどうだろうか。本来の人間の姿が分かるだろうか。残念でした。その衣服をとった内から現われたのは、原始時代のシミでよごれたシャツをまとった人間であったわけだ。

さらに、そのシャツをとったらどうだろうか、内からでてきたのは毛むくじゃらのピテカントロプスであったというわけだ。ギャハハ。

我々はとかく前者の考え方、社会環境によってしみついたものをとりはずして、本来の姿を考え、それに立ちもどるように努力しなければならないというふうに考えがちだが、人間だけを考えるのでなく、歴史の進展を見ていく事が、かえって人間を知る手段ではないかと考えるのである。

メイチョウの哲学入門（十四）　毛沢東思想1

最近、隣国の中国で紅衛兵《こうえい》の騒ぎがおこっていると新聞で報じられているが、その紅衛兵達が口々に、学ぼうと呼びかけている「毛沢東思想」というものがある。現在の中国は、まさに、「毛沢東思想」一色にぬりつぶされてしまったといっても良いくらいである。

それに対して、静高生諸君もそれなりに関心を持ち、批判もしている。

しかしながらよく聞いてみると、紅衛兵に批判はしているが、肝心の毛沢東思想というものについては少しも知っていないらしい。知らない事を批判する事も問題だが、もっと問題なのは、「静高生でさえ知らないのにましてや無教養な中国の中学生のごときに分かるはずがない。なのに分かったようなふりをして騒いでいるのはとんでもない事だ。理解もせずにおどらされているのはよくない。」といった考え方を持っている静高生が多い点である。

この問題にかぎらず、自分達の不勉強を夕ナにあげて、「自分達も知らないのにアイツらが知っているわけがない。」と考えるのは、どうも静高生が陥りがちな思い上りだろうが、我々は学問をする時、絶えず謙虚な態度で接していかなければならないのだと考える。そんな点から、毛沢東思想とは一体どんなものなのか、あるいは紅衛兵とは一体何なのだろうかという事を考えてみたいと思うのである。

毛沢東思想というのはいうまでもなく、毛沢東という中国の革命家の考え方の事である。彼の半生については、図書館にもそれに関する書物があるので省く事にするが、彼の思想というのは、体系だてた一大論文として示されているのではなく、一九二〇年ごろから、自分が革命に身を投じながら、その時その時に感じた事、仲間や農民達に注意しなければならないと思った事等を、その都度書き綴って発表したもの、それをまとめたものが毛沢東語録といわれるものなのである。

毛沢東は一貫したマルクス主義者であるが、マルクスと違う点は、マルクスが主に工場の労働者達と接触し、また彼の論文が多くの文献を参考にし、実に科学的な視野を持って客観的に書かれているのに対し、毛沢東は、無論多くの本を読んではいるが、革命時をほとんど農民と共にすごし、科学的な文というよりも、むしろ彼自身が汗の中から獲得していった体験的な、そして誰にでも分かるようにやさしく書こうとしている所に差があるように思われる。

したがって、その内容は、あるいは用語の使い方にしても、極めて平凡で、日本の哲学者達にいわせれば、哲学といわれる水準のものではないとの事だ。たしかに毛沢東語録の中には、おとぎ話のようなものもあり、人に親切にせよ、といった程度のものもあるから、専門家に言わせればそうなのかもしれない。しかしながら、そういっている専門家自身の言葉が、現在の日本の、例えば交通事故、汚職といった現実の汚点をなくすのに少しも力にならないのにくらべ、そんな単純な言葉であっても、それが国づくりにつながっていく、そんな点に、実践に裏打ちされた言葉の強さというものを感ぜずにはいられないのである。

メイチョウの哲学入門（十五）　毛沢東思想2――毛沢東語録――

前回にも紹介したように毛沢東語録というのは、一九二〇年ごろから彼が革命運動をしつつ、その都度必要だと思われた事を小論文にして発表した、その中から、特に参考になると思われるものを一つにまとめたものである。

数十年にわたった小論文であるからその内容も直接には、もはや意味のないものも多く、また、内容も簡単な理解しやすいものも多い。例えば…

「ベチューン氏を記念する」では、カナダの医師ベチューンが自己を捨てて中国人のために医師として力を尽くし戦死したことをいたんで、皆彼のように献身的であれといっている内容…。「偶公、山を移す」では、農民の偶公の畑が山の陰になって光がささない事を他人に言われたら、家からクワとモッコを持ってきて山をくずし始めたので、他人が笑って一生のうちにやれるものかと言ったら、その時は子供や孫が続けてやるさと言った事を神が感じられて山をどけてやったという話（物事は貫く精神が大切だという事だろう）。

有名なものとしては、矛盾論実践論といったものもあり（これは次回で取りあげたいと思う）。また、しばしば出てくるのが、ある時点における現状分析とか見通し、といったものである。

最近中国内では、この毛沢東語録があらゆる人間にわたって学ばれており日本の新聞によれば、紅衛兵ばかりでなく、卓球やウェイトリフティングの選手、さらに極端な例としては、毛沢東思想を学んだら水瓜が売れるようになったなどといった事までが報じられている。日本の批評家にもそれに対する評価があるが、かなりえらい人までもが「毛沢東は卓球の選手ではないのだから、技術が書かれているわけではない。にもかかわらずそれを読んで強くなるというのは暗示であり宗教である。」といった見方をしている。しかし事実をよく見ると次のような事らしい。

例えば卓球の選手が相手に負けると、まずその時の自分の心の中のこと、プレーのやり方などを分析する。そして一つの結論を出していく。その過程で毛沢東語録を見る。すると「物事を成すには困難がつきものだが、頑張らなければそれを勝ち取ることができない」と書かれているのを発見し、彼は自分の考えていた事と同じであることに、それが間違いないのだと確信し、さらに打ち込んでいくのである。

実践しようとする者がまず理性で考え、さらにそれを語録の中から発見することによって感情的にも納得していく。そこに理性と感情の一致があり、そこから人間的な強さがでてくるような気がするのである。

人に言われてやるか、自分でやろうとしてそれが間違いないか、たしかめて確信を持ってやるか、この二つは見たところたいした違いがないように思えるけれども、そこには言いしれないような違いがあり、心から納得して事を行うところから人間の底しれない強さが発揮されるのである。

そういった点で、中国の国づくりや、国際関係、あるいはスポーツ界一つ取ってみても、将来は世界にとって、無視することができないものであるような気がするのである。

メイチョウの哲学入門（十六）　**毛思想3　紅衛兵**

初夏の頃、中国は突如「紅衛兵」の騒動に巻き込まれた。彼らは片手に毛沢東語録を持ち、口々に革命遂行を叫んで、道路や百貨店の名をかえたり、壁に大字報（壁新聞）を貼ったりした。

それに対し毛沢東達が「やりすぎる事は大変けっこうだ」と言ったとか。日本の新聞はそれに対して大々的に報じた。それによると紅衛兵についていろいろな推測がなされている。

一番支配的なのは、現在の支配層の権力争いの一方の側に紅衛兵がいるという考え方であろう。

現在の中国は、毛・林ラインが主流派であるが、それに対し劉小奇を中心とする反主流派があり、それを打ち破るために紅衛兵を組織して、彼らの手で反主流派を攻撃させているのだ、といった考え方であろう。いろいろな文献を見ても、たしかに古いものを代表する一派があり、それが攻撃の対象になっている事は事実らしい。

しかしながら紅衛兵が果して上からつまり毛沢東らが組織して、それを動かしているのかというとどうも疑問である。というのは、上からの力で人を動かそうとするのがなんら力にならないというのは、他ならぬ毛沢東自身が彼の運動の中でしみじみと知らされていた事であるのだ。もしも彼が、その反省を忘れてしまっているとすれば、紅衛兵の運動は失敗するだろう。

日本が中国を考える場合、ちょっと考えられない事で見のがされやすい事に、戦争の危機感があるように思う。というのは、現在の日本はアメリカとは友好な状態にあり、またソ連ともシベリア開発などで連帯している。中国も政治思想はちがうものの、昔から友好的であり、現在もスポーツ、貿易、友好団体の交流といった面で友好的である。

ところが中国ではアメリカとの戦争の危機感が我々の想像以上であるらしい。中国がアメリカよ、攻めるなら攻めてみよ、などと絶えず言っているのも、南ベトナムのエスカレーションが今や中国国境に届かんとしており、東からは小船や落下傘で国府の特務が絶え間なく潜入し、さらにチベットやネパール付近のインドとの国境紛争、友好国であるはずのソ連でさえ国境に軍隊を集結させているといった緊迫した情勢だからであろう。恐らくそのために、中国解放軍は国境付近に移動しているであろうし、もしそのような時に戦争になった場合、思想的に弱い者は敵と内通するかもしれない。そんな事からもし戦争になった時、解放軍のいなくなった後の国内の治安維持を保つための一つの組織、強固な思想を持ちしかも内戦になった時にも戦力として役立つような一つの組織として、彼らの組織化の必要性が高まってきているのではないだろうか。西側は、現在の指導者との友好は考えられないから、革命も戦争も知らない二代三代あとの人達との雪どけを待つのだと言っており、それだけに現在の指導層もそのようなすきを与えないためにも若年層に対する思想のひきしめの必要を感じたのかもしれない。ともかく、紅衛兵のすさまじいエネルギーは、権利の獲得を知らない現代日本のふぬけな高校生に、適当なホルモン剤であった事だろう。

メイチョウの哲学入門（十七）　**毛思想4　矛盾論**

この論文は一九三七年に書かれたものであるが、彼の論文中最も有名なものといってよいであろう。

弁証法哲学においては、事物の運動はすべてそれ自身が内部に持っている矛盾から引き起こされるもので、矛盾を研究する事が、この哲学の主たる目標であると考えられている。

矛盾という言葉は言うまでもなく中国の古い話に出てくる、矛《ほこ》では絶対にこわれない盾《たて》と、どんな盾をも打ち破る矛を両方売り歩いていた男に、その矛でその盾を突いたらどうだ、というところから出たことばで、話の食い違いという意味であろう。

毛沢東はこの論文の中で、矛盾というものについて、いろいろ分析しているが、中で最も我々に参考になるのは、次に述べる事であろう。

それによると、矛盾（この言葉を「問題点」と置き換えると我々に理解しやすい）には大きな根本的なものと、小さな付随的なものとがあって、大きな矛盾が小さな矛盾を作り出す。従って、なにか矛盾（問題）に悩んだ時、それが大きなものか、付随的なものかを考えて、それがもたらされた根本的な矛盾を解決すれば、小さな問題の方は、ひとりでに消えていってしまう。

逆に、小さな矛盾にのみ目を向けて大きな根本的な矛盾に目を向けないと、小さな矛盾は解決されるであろうが、それに代わる新たな矛盾が、その大きな矛盾によってもたされてしまう。

例えば、それを我々の悩んでいる受験に置き換えてみよう。クラブと受験勉強、高校生らしい生活と受験生活。

これらは我々の持っている矛盾であるが、それに対していろいろな解決方法が考えられてきた。例えばアチーブの場合を考えても、東京における三科目制や、学校群、富山で最近言い出された高校無試験制、大学入試の方も、能研とか、教科指定制など、だがそれらがいずれも正しい解決にならないのは、それを生み出している根本的な矛盾、すなわち企業における大学卒優先出世主義、官僚における東大閥、が解決されていないからである。だから教科指定制等一年だけで有名無実になってしまった。

また、都市人口増加の問題はどうだろうか。この問題が、人口と数少ない住宅、せまい道路と数多い車、通勤者と少ない列車といったこれら多くの付随的な矛盾を生み出している。

それに対する解決はなんだろうか。電車の数を増す事か。増せば確かに乗れるようになり、その矛盾は解決するだろう。しかしそのために過密ダイヤによる事故が続出するという新しい矛盾が出てきてしまう。これも大きな矛盾、何故都市に人口が集まるか、という点を解決しようとせずに、それによって生み出されている小さい矛盾にのみ、目を向けて、それを解決しようとするところに、根本的解決のできない原因があるのだと思う。

我々の家庭生活や学校生活にも、問題はきわめて多く起こる。その時、それが出てきた根本が何かをよく見極めて、それを解決していく事から、本当に健全な生活を営む事ができるのだという事をよく考えたいものである。

メイチョウの哲学入門（十八）　毛思想5　実践論

この論文は、先に紹介した矛盾論とほぼ同じ一九三七年にかかれたもので彼の論文の中でも矛盾論とならんで有名なものである。その内容は、だいたい次のようなものである。

人間の認識（物を知るという事）には発展があって、人間は物事をまず感覚的に知り（見る、聞く、感ずる）、それが繰り返される事によって、理性的に知るようになる。（理論、思考）しかしながらこれだけでなく、それをさらに実践し（計画、方策をたててそれに従って応用してみる）、それによって、先に知っていた事よりもさらに深い知識へ進んでいく事が出来る。

これが我々の認識の進み方であるというわけだ。

たしかに例えばスポーツなどについて考えてみてもそのようだ。

まずだれかがスポーツをやっているのを見たり、写真をながめたりして、カッコイイなどと思ったりする。そのうちに本などを見たり、人の説明などによって、自分の体や生活のためにも良い事が分かり、実践するようになる。ところが、実際にやってみると、以前には分からなかった苦しさや、より楽しい事があるのが分かり、どのようにしたら苦しさを抜け出す事ができるかをまた考え、方策を立て、それに従ってまた実践し、深い喜びを獲得していく事ができるようになるのである。

このように、我々が生活をしていく場合、あるいは物事をよりよく知っていくためには実践が必要なのである。

ところが我々の生活を振り返ってみよう。

どうも我々の生活には実践する場面が少ないのではなかろうか。クラス討論などを見るとすばらしい意見が交わされる。ところが実行力をみてみよう。

その発言のすばらしさに比べて、いかにもおそまつではないだろうか。

ホームルームの時など、なんとまあ遊び方を知らない者達だろう。何が楽しいのかまったく分からない者も多い。ただボサッと立って、そのままにしておけばいつまでもそこに立っている。

そんな点からも、我々の環境においては、実践面を重視しなければならぬ。

むろんこれは学校の責任でもある。生徒の認識を深めるためには実践面を重視しなければならないのだが、どうも実践面が少なくなおざりにされがちになりやすい。作業、実験、実習、集会、クラブ活動、運営面、見学、家庭での手伝い、協力など、我々が当然行わなければならないものが案外なおざりにされて、あるのは単なる知識のつめこみと、なるべく体を使わないようにという、いらざる配慮である。

しかしながらそれによって詰め込まれた知識は少しも身にならず、いたずらにむなしい苦しみを感ずるだけなのだ。

我々はもっともっと体験を通して詰め込んだ知識を生かし、確認し、さらに創造して深いものにしていかねばならないのだと思う。

我々の住む日本は現在資本主義体制下にあるため、社会主義的な思想や文論はとかく疎遠になりやすいが、その中からでも、現在の我々にとって有効なものがあれば吸収し、実行する心の広さを持ちたいものだと思う。

メイチョウの哲学入門（十九）　サルトル　知識人の役割

先日、日本を訪れたフランスの著名な哲学者サルトルは、「知識人の役割」という題で講演をしているので簡単に紹介してみよう。

「知識人というものは、その国の支配者にとって支配の維持に必要な者なので、支配者によって募集され、作り出されていくもので、支配者を助ける役割を持つものである。しかしながら知識人自身は、学問を積み重ねていくうちに、社会のいろいろな矛盾に気付き、それを作りあげている者、すなわち支配者に対して批判的にならざるをえなくなる。

したがって、知識人は、支配者と対立する被支配者階級と、同じ姿勢をとるわけである。

ところが被支配者階級は、自らは貧しいために知識人を生みだすことが容易でなく、そのために知識階級にその理論的、客観的な学識の力を借りなければならないのだが、そうしながらも知識人が支配階級によって作りだされたという事実に、彼らに本当の信頼を寄せ切れない。

つまり知識人は、支配者によって作り出されながらも支配者に背を向けなければならず、同じ姿勢をとっている被支配者階級からも、本当に信じてもらえないという二重の矛盾を持った、孤独な存在なのである。

しかしながら、この孤独さは、彼が絶えず大衆の側に立とうとしている証拠であり、この孤独こそが、全人類の人間性を回復させる手段を発見せよと知識人に与えられた委任状なのである。」

この文には結論めいたものはないが彼は恐らく、支配者階級と被支配者階級の対立から知識人の孤独が生み出されているのだから、孤独であっても大衆の側に立ってその矛盾の解決に努力せよということであろう。

そこで話は変わるが、サルトルの矛盾の把え方を静高生にあてはめてみよう。

静高生が静高を選んだ理由は一部を除くと殆どが父兄や先生の勧め、すなわち大学進学のために、という事で入ってきたのであろう。ところが入学し、だんだん大人として目覚め、本来の人間教育はいかにあるべきかという問題に気付き、自分自身の内部に目覚めた価値観と自分に課せられた他人からの期待とにはさまれた孤独な人間になるわけである。しかもサルトルの述べた知識人には、一つ隔てられてはいるが同じ姿勢をとろうとする大衆があるのに、高校生の方は、同一の姿勢をとるべき高校自体までもが父兄や世間一般と同じ姿勢で生徒に臨もうとしているだけに、いっそう、孤独な人間であるというべきであろう。

そして残念ながらこの矛盾は、現段階においては解決のつかない問題であるが、少なくも、なんら自分の内部に目覚めるものもなく、安易にまわりの期待にのみ答えて進もうとする者よりは、その孤独な静高生の方が高次な人間であり、その者にこそ、現在の生徒に孤独さを与えている体制を打ち破る期待をかけたいのである。そして、サルトルが踏み越えようとしていない孤独さを踏み越えた連帯感を我々が持つことができるようになりたいものだと考えるのである。

メイチョウの哲学入門（二十）　**上部構造と下部構造**

我々はよく他人の事を「封建的な奴だ」とか「打算的な奴だ」などと言うが、千差万別のようにみえる人間の性格も、よくみていくとその時代時代を反映して、実に似かよった考え方をする者の多いのに気付く。

そのように時代によって同じような人間が作り出されるのは一体なぜか、何が原因でそのようになっていくのか。

社会科学によれば、人間活動は二つに分類され、経済は下部構造、法律、文化、物の考え方などは上部構造とよばれており「下部構造が上部構造を決定する」というのである。

つまり、我々の文化、物の考え方等は経済という土台の上にのっかって、その土台に一番都合のよい形に作られ、したがって土台が変われば、人間の物の考え方も変わるというのである。

たしかに我々のまわりを見ても、封建時代の内から生みだされてきた風俗習慣と、明治時代以後の資本主義によって築かれつつある新しい風俗習慣とが入り交っていることが分かる。

封建制度という経済は、土地というものの上に成りたっており、その経済からは、耕作者を確保するための身分階級が生みだされ、それが続くうちにそこからさらに目上のためなら犠牲になっても、といった道徳も生まれる。

ところが資本主義という経済は、利準というものが優先する経済で、そこにおいて身分階級は必要ない。目下《めした》であっても儲かればいいわけだ。

最近母親が子供に用事を言いつけると「いくらくれる」と言って小遣いをせびる子供が多いとのなげきをよく聞くが、子供にしてみれば自己の労働生産性を高めようとしているわけで、資本主義っ子としては見上げたものだ。

一方母親の方は、下の者に言いさえすれば何でもやってくれると考えているわけで、これは昔ながらの封建制度の中から生み出された考え方をそのまま受け継いでいるといえる。

その考え方の違いが混乱を生んでいるわけだ。(もっとも母と子の正しい愛と協力で物事がなされるような社会でなければならない事は無論だが…)

この他封建制度という経済から生み出された上部構造はまだ多く残っている。結婚においても「嫁」という考え方は土地の世襲制と労働力という事から出てきたもので、家長制や男尊女卑、農民軽視等もそこからきている。

義理人情がうすれたのはすべて金で解決しようとする資本主義の結果であり、人間が安易に流れるのも、苦労を嫌うようになったのも、個性的でなくなったのも苦労して物を獲得する必要がなくなったからであろう。

だが我々にはそれらと経済構造との間に関係があるとは思いもよらないから、ついそれが個人のせいだと考えがちである。だからだらしのない人間や何でも金で解決しようとする人間をみると、そいつは「ずるい」からそうするのだ、と思ってしまう。しかし、現在の下部構造がどのような上部構造を生み出すかを考えれば、その時代が当然生み出す人間像のあることが分かるはずである。故に絶えずそれらを踏まえた上で、現代というものをみつめていきたいと思うのである。

メイチョウの哲学入門（二一二）　牽引《けんいん》と斥撥《せきはつ》

ヘーゲルによれば、この世の中の運動は、大別すると斥撥と牽引に分ける事ができるという。

牽引というのは引き合うこと、斥撥というのは反発しあうことである。

例えば、宇宙は膨張しているというが、この膨張はいつまでも続くものではない。やがてその膨張は止まり、次には収縮が始まる。つまり斥撥（膨張）と牽引（収縮）は互いに転化し合うのである。

しからば斥撥、牽引のエネルギーには何があるかといえば、牽引のエネルギーには「物質間の引力」、斥撥のエネルギーには「熱エネルギー」がある。その関係を説明すると…

星雲というのは多くの星クズが互いに独立して輝きながら浮いている。という事は互いに引き合う力がないか、何かによって打ち消し合っている事を示している。ところがそれがやがて、中心に向かって引きつけられ始め、ついには地球のような一個の球になり、その球も中心に向かって収縮していく。その引く力はどこから生じてきたのか。

それはその星雲が冷えていったからだといわれている。つまり、物質間の引き合う力と、熱（これは反発のエネルギーだ）とがちょうど釣り合っていたのが、熱が失われていったために相対的に引力が強くなって、そのような形へと発展していったのだといわれている。（熱が反発のエネルギーであるという分かりやすい例には水が使われる。水を熱していくと、ついには水同士の分子間の引力に打ち勝って空中にとび出していく。これを水蒸気という。熱が引力と反対のものである事がよく分かる。）

だから、よくマンガに出てくる「反重力ベルト」などはあり得ない。地球の引力を打ち消すものは、地球をドロドロに溶かす熱エネルギーだけだ。

このように、世の中には反発するエネルギーと引きつけるエネルギーがある事が分かったが、重大なのは何がきっかけで反対のものに転化するかという事だ。これが大きな課題である。

話は飛躍するが、これと同じような事が人間生活の中にもよく見られる。

勉強のキライな者が好きになるキッカケは何なのか。反発し合っていた友人が仲良くなるにはどうすればよいのか。

互いに孤立しているクラスはどのようにすれば友情が満ちあふれるのか。

やる気のないクラブ活動を生き生きとやるようになるにはどうしたらよいか。

これらはすべて、人間の生活、特に教育の場における「反発のエネルギーをいかにすれば、けん引のエネルギーに変える事ができるか。」という問題をとこうとしている事になるわけだ。

事実、勉強ギライが見ちがえるように勉強に打ち込むようになった例、クラブをやめようかどうしようかと悩んでいた者が、別人のように熱心になった例を私はたくさん知っている。

その人達は、一つのエネルギーを反対のエネルギーに変えるための一つのきっかけを持ったわけだが、その転化をもたらしたものが一体何なのか、心の核心をふるわせた物は何なのか、それを知る事が、教育の場においても重要な課題であり、哲学においても、重要な課題なのである。

メイチョウの哲学入門（二二三）　**日本人の思考形式**

日本人が何か考える時、その考え方に一つの共通な流れのようなものがあるように思われるので考えてみよう。

人間のものの考え方には歴史の流れがあるが、特に近世になって我々の考え方を根本的に変えたのは科学だった。

科学の良い所は物事の内側の仕組を知ることができるという点だ。だから科学を学ぶ事から養われる物の考え方は「内部の仕組を知ってどこが良いか悪いかを発見しそれを正していく」といったものであろうと思われる。

ところが科学的な学問がまだなかった時代には、内部の構造が分からないから、どうしても外側の状態とか、経験で分かった事などで判断していくしかない。

だからその中には科学的に正しいと証明されるものもあるだろうが、全く根も葉もない事もある。「蛙が鳴くと雨が降る」のは真実かもしれないが、「下駄が裏返しになったら雨」にはならないだろう。ところが戦前の日本にはまだ科学的な思考がなかったので根拠のない考え方がしばしばあった。

戦争中、日本では「英語を使う者はスパイだ」といって英語を使う事を禁止した。敵を知らねばならないのに、英語が使えなかったばかりか野球までもが、ストライクのかわりに「よし」ボールのかわりに「だめ」とやっていた。戦争と英語を使う事と一体何の関係があるというのだろう。

そして戦争が終わった時、内容は反対だが同じような考え方による悲喜劇があった。戦争が終わった時「何故戦争が起ったか、戦争にならないためには、どうすればよいか」という科学的な思考ができなかったために単に戦争らしいものを消すことだけで戦争を否定したように考えた。私は終戦の時ちょうど小学校二年生だったが、教科書の中に出てくる戦争の絵を墨で塗りつぶしたりした。また「気をつけ！」「右向け右！」といった規律面も軍隊でそれを使っていたというだけでやめてしまった。

戦争の原因が何であるかを考える事ができなかったから、戦争っぽさを消し去れば戦争から遠ざかれると考えたわけだ。そして根本的原因の追求と解決がそのままなおざりにされた事が、現在になって再軍備が平然と現われてくる大きな原因である。

このように物事の外側だけを見て、内側の本質を見ようとしない考え方は、現在なおも根強く残っているようだ。

少年犯罪が増加すると、「少年に刃物を持たせない運動」だ。刃物さえ持たせなければ犯罪はなくなるのだろうか。

悪書を追放すれば不良化防止になるというのか。（山梨県で悪書をドラムカンに入れさせたら学校の教科書が入っていたそうだ。）

このようにあらゆる事が表面的である。物の本質を見る力が本当にない。

それは科学的思考がまだ一般の人達にしみついていない事を意味している。

だが戦後の教育は自然科学を重視するようになり、本質が何かを見抜こうとする思考が若い層の中にようやく定着せんとしている。しかるに一方、消費文明の成長は人間をセツナ的に、感覚をマヒさせる。それをよく見つめ、絶えず本質を見極めるような思考をのばしていきたいものだと思う。

メイチョウの哲学入門（二四）　教育論

職業人が自分の職業の対象に関してよく知っているのは当然の事だ。タイピストはタイプライターの打ち方についてはよく知っており、電子計算機の技師はその操作をよく知っている。農民は農作物について、漁民は魚の集まりそうな所をよく知っている。

しかるに教育者は自分の職業の対象である生徒というもの、いや、人間というものについて知っているだろうか。答えは否である。これが現代の教育の混乱を生む遠因の一つになっている。

人間が人間を知るという事が極めてむずかしい問題であるうえに、高校教師が教科に専念するために教育一般について考える時間がなく、ＨＲ運営などもただ自分だけの勝手な感で行なわれているにすぎない。そんな時、教師一人一人が自分の教育理念を持ち、語り、実践する事が大切なのだと思う。

学校教育が集団で行なわれているという事実は必然的に次の名題を引き出す。すなわち「皆で向上し合うのが教育である」という事だ。

わざわざ落伍するために、また、人を蹴落とすために学校に入るのだろうか。

ところがどうも日本の教育をみるとそんな点がみられる。他人を蹴落とすような弱肉強食的な所があちこちに、見られるような気がするのである。

実力テストだってそうかもしれない。印高新聞によれば実力テストの番付は勉強のシゲキのために良いという意見があるそうだが、誰かが一番上れば誰かが必ず一番下るのが不可避である以上、その根本に「人を落す事が励みになる」という事を含んでいる。

それでも実力テストはまだ良いとしても、小学校の成績表はもっと大きな問題をかかえている。小学校の場合は相対評価といって、5点法のうち1点を取る者は何パーセント、2点を取る者は何パーセント、と決まっている。個人がどんなに努力しようとも、必ず1点を取る者がある。必ず劣等生が出るように規則で決まっているのである。

先日「中国の子供」という本を読んだが、それによると中国の教育の特徴と目標が評価にあらわれているように思われる。評価は5点法の絶対評価（5点が何人でも良い）だが、テストで何回百点をとっても5点評価のうちの4点しかもらう事ができない。つまり自分だけが良いというのでは完全ではないという事で、5点をもらうための条件は「他人をできるようにさせる能力」があるかどうかによるわけだ。

だからクラスの人が先を争って、まだ理解していない者を助け、学年の最後にはクラス全員が5点をもらうようになるというのである。

現在の日本の教育水準は、中国に比べて問題にならないほど高い。しかしその高さは単に教科書の内容だけであって人間形成の面から見た場合ははたしてどうだろうか。

この教育の違いがそのまま十年も続いた時、日本人と中国人の人格の違いが、とりかえしのつかないほどついてしまうのではないかという事を心から心配するのである。

故に、少なくも静高だけはクラス単位でよいので、皆で向上し合う姿勢をとりたいものだと思う。

メイチョウの哲学入門（二五）　**日本人の権利意識**

ある一つの支配態勢が長く続くと、その国民は、その支配に一番適した人間に仕立てあげられる。

日本は長い間封建制度の支配が続いたために、個人の権利を獲得するという事がなく、目上の人のためには犠牲になる事も当然、と考えられていた。

その考え方は明治維新後も根強く残り、太平洋戦争の時にも、国のために死ぬという事に受け継がれていった。

そこで日本の古い諺をみてみよう。

「長い物にはまかれろ」「寄らば大樹の陰」「雉も泣かずば撃たれまい」「泣く子と地蔵にゃ勝てぬ」「無理が通れば道理引っ込む」「出る釘は打たれる」「顔で笑って心で泣いて…」

これらの諺の裏には、一つの共通した日本人の思想の流れのある事が、よく分かる。すなわち、でしゃばらずに強い者の言いなりになってさえいればよいのだ。という思想である。

そしてこの思想は、時代が変ったにもかかわらず現在なおも家庭のしつけや教育、社会道徳、などの内にしっかりとしみつき、我々の新しい意識の生長を陰に陽に妨げているのである。

だから現在なおも、子は親に、社員は社長に、生徒は先生に、女性は男性に従属して生きるべきだと考える人は実に多い。だからその人は他の人に反対しようなどとは夢にも考えず、口答えをしたりする人を見かけると急いでやめさせたりするのである。

だが現代はもはや封建時代ではない。我々一人一人が時代の主人公であり、我々こそが世の中をつくっていかなければならないはずである。

ところが静高生を見ると、若いのに権利意識がないように思われる。

自分達がどのような高校生になっていくべきなのか、どのような高校を作りたいと願っているのか、学校側にどうしてほしいと要求したいのか。そのへんがまったくない。ただ学校や先輩達がきめて生徒に与えた事に対しても、まったく無批判で、そのまま言いなりになって従っている。そのくせ自分が気に入らない時はヒクツな形でそれをごまかす。帽子をかぶれといわれた時「何故かぶらなければならないのか」を言う者はいない。そのくせかぶりたくないとかぶらずに帽子をカバンに入れて運ぶ奴がいるのである。

生徒会がなくなってもいいか、といわれれば、4分の1もの生徒が実にすなおに、なくなってもいいと言う。先輩達が自治権の獲得に苦労したであろうに…。

昼休みに先生が門に立てば外出者はまったくいなくなり、遅刻者調べに立てば、遅刻者は激減する。

人に言われればやれる。結局は同じ事をやるからと考えてはいけない。自分の判断で行なう事こそがすばらしい事なので、そこから権利意識が生まれるのだ。権利というものは、自らがそれを守り、獲得しようと考えていかないかぎり育つものではない。

表面的には同じものが成されたとしても、人から許可されてやれるようになる事と、自分達の権利としての自覚のもとに行う事とでは大きな違いがあるのだという事をよく考えて行動し、権利意識を育てていきたいものだと思うのである。

メイチョウの哲学入門（二一六）　労働の意義

高校生の頃、私に大きな影響を与えた新聞記事があった。

実のところ、それはなんでもない、小さな記事であり、なにげなく読んだのだが、不思議に現在でも、私の心の中に残っているのである。

それは日本の大新聞にのった西ドイツの労働者の話であった。

彼は鉄道会社の小荷物係であるが、毎朝、勤めに出る時、彼は見送りに出てくる奥さんと子供を前にして、自分の体を彼らの前で大きく広げ、胸をはって「お父さんのこの体を見てごらん、この体でお父さんは毎日、ドイツ中の荷物をはこんでいるのだよ。お父さんがいなければ、ドイツの荷物は、動かなくなって困るのだ。」と言って、にっこりと笑う家族をあとに、誇らしげに会社にむかっていく。というのである。

この記事は、読む人によっていろいろと違ったとり方があるだろう。保守的な、打算的な今の高校生が、この記事を読んだら「バカらしい。たかが荷物はこびじゃないか、いくら貰えるというのだ。」と思うかもしれない。

だが、その記事は私に大きな教訓を与えてくれた。すなわち「働く者は誇りを持たなければならぬ」という事である。

日本人は、口先では仕事に貴賤なしというが、果して仕事に誇りを持ってそれに打ち込んでいるだろうか。

いつでも自分の仕事に不平を持ち、口に出るのはボヤキばかり、こんな事では、働いていてもずいぶんつまらない事であるだろう。

そしてそれは現在の高校生の生き方にも通ずる事で、現在の高校生は、自分の生活に本当に誇りを持って生活しているだろうか。本当に意義を感じて学を志しているだろうか。

クラブ活動に、家での生活に、本当に打ち込んでいるだろうか。

どうも我々が何か成すときそれに対して心から情熱をもって打ち込んでいく習慣がなく、だから働くよろこびもあまり分からない。

だが、我々がなにか成そうとする時、誇りを持って行えば、そこからすばらしいものを獲得できるだろうし、そこに意味もあるのだ。

もし、いやいやながらやれば、たとえいろいろやれたとしても、それは少しも自分のためにならないだろう。

我々は、ただ頭の中であれこれ考えているのでなく、まず誇りをもって物事を成してみることだ。それから考えればいいのだ。そしてまた実践していくのだ。

そしてそれは私自身にも言える。

よく「でも・しか教師」等といわれるが、これは他にやる事もないから、教師でもやるか、あるいは教師しかやれない、という事だが、私は「こそ教師」すなわち、教師こそが我が一生を悔いなく打ち込む職業であると考えて打ち込みたいと考えるのである。

我々は一生の間に多くの事を成さねばならない場面に直面するだろうが、その時、誇りを持つ事をけっして忘れる事なく、積極的にそれにあたり、そこから多くを学び吸収していく、それが労働する事の意義なのだと思う。

メイチョウの哲学入門（二七）　情熱論

物事を成す根元は情熱である。ところが、最近はどうも人間に情熱がなくなってしまっている。情熱なしで物事を行おうとすれば義務的になるから法律は複雑になり、上司の命令なども多くなってくる。

例えば、高校の生活はどうだろうか。職員会議や××委員会は毎週のように開かれ、何時間も職員の相談が続けられている。

ところが残念な事に、その会議には生徒が一人もいない。だからどんなに大論争しようとも、どんなにすばらしい結論がでようとも、それが生徒の所までとどかないかぎり、単に職員達の自己満足にすぎないはずである。

だが、一番大切な、それをいかに実現するかという点がなおざりにされている。イソップの話にある「どのように、誰が鈴をつけるか」という鼠の悩みはここにも存在するのである。

職員会議における職員同士の議論の華々しさにくらべ、一番肝心であるべきはずの生徒と職員との間の意志の流通のなさは一体どうしたことだ。

生徒と先生との間に何も会話がない。会話がないままで会議の結果を実現し教育の効果を上げようとするから、そこでしばしば取られる手段は生徒に有無をいわせぬ強制や命令や義務制である。だから、かえってそれが人間同士を反発させ合い、最初の意図に反してますます問題はこじれてしまう。

職員の教育的信念はまことにけっこうなのだが、残念なことにそれを生かす手だてが不足している。

職員がまず持たねばならないのは、職員同士の会話ではなく生徒との会話であり、生徒との情熱の交流なのである。

静高で行われている補習等を見てもそんな点が問題になる。

夏休みや放課後を利用して、学校が「出来ない者」を対象とした補習をしばしば行なっているが、どうもその成果はあまり芳しいものではない。

先生に言わせれば「最初は教室いっぱいにいた生徒も、やがては3人減り5人減り、終りには5~6人位になってしまう。サボらせないように強制力を持った形のものにしなければ駄目だ。」ということだが、傍線の部分をよく見てほしい。補習の先生は生徒の減っていくのを、自分の情熱でくい止めようとはしていない。強制力をもたせる事によってウムを言わせず集めておこうというのである。

無論生徒の脱落者は殆どがなまけぐせによってであろうから、そのような生徒に同情する必要は少しもない。

しかし、生徒を強制的に座らせておいて、それで安心してひとくさり述べていくような情熱のなさで、大きな効果があるはずがない。

生徒は教師を信頼し、進歩する事を心から念じ、教師はその生徒たちを、なんとかして進歩させるように考え、情熱をそれに打ちこんでいく。そうなって初めてすばらしい進歩がもたらされるのである。

この姿勢を高校教育の場に育てないかぎり、どのような手段を考えようとも、静高に飛躍的な発展はあり得ないだろう。

その他の週刊メイチョウ（タイトルのみ）

海水浴　無知　一億総白痴　友情の問題　勤勉　対立　進路の問題　「誰がケネディを殺したか」　錯覚　規律　クアラルンプール　人生の意義　バンコク　ホンコン

静岡高校のインテリヤクザ　屈服と納得　現代教育の問題点　体で解く数学　うじ虫の自由　バランスのある人間　心の向上　キライなカボチャ　尊敬　さあ二学期だトイレットペーパー　静高生の典型　気力の養成　大きな権利と小さな権利　印高祭と迷信　選挙と我々　選挙が済んで　入学おめでとう　良いホームルームを作ろうグループ学習をしよう　スポーツを生活に取り入れよう　バラ色とは何か　義務と自主性　形式と内容　ベトナムに平和を　ひげのカストロ　遊びとは何か　物の価値現代女性論　アメリカの黒人問題　小選挙区制の問題　自然の教訓　印高祭を意義あるものに育てよう　男らしさ　印高祭を生かすために　新しい地理　五十音　意見の対立　二つの事にがんばろう　立場の違い　交通戦争　遊びのムードを排せ　スクールカラーを決めたら？　受験戦争　一九六八年の展望　エンタープライズの波紋　ベトナム戦争の進展　競争心と協調心　愛国心　金事件と民族差別問題　石の上に三年くたばれ！　大国主義　終わった選挙　心をつかむ　体を鍛えよう　ケサンの攻防遅刻に言い訳はあっても理由はない　自由という言葉　ピエドフの優勝　文化部の在り方　ドル問題と日本　クラスの団結とは何か　選挙たけなわ　板バサミ

今の自分が好き

校長　鈴木明徴

私はいつでも自分のいる所が一番すばらしいと思っている。このすばらしい生徒達とここで出会うことができ、一年を楽しく過ごすことができて、本当に幸せである。

私はいつでも今やっていることが一番価値があると思っている。生徒が作るすばらしい生徒会誌に、自分の名前と文章を載せてもらえることに、無上の楽しさを感じている。

私はいつでも今の自分が一番好きだ。幼い時の人生も良かった。青年期も大人になってからも良かった。しかし、やっぱり今の自分が一番好きだ。だって、今生きているからだ。

淋しいことは、自分で自分を駄目にしていくこと。

ちょっと他人のアドバイスを聞いたり、ふと気をかえてみたりする。ゆとりとユーモアがあれば、立ち止まれるのに。

残念なのは、過去のことで今、元気になれないこと。
だれだっていろいろなことを繰り返している。
「健全さとは、おのれの過去に、打ち勝つことである」

勇気さえあれば、どんなことにも負けないぞ。将来は何が起こるかまったく分からない。だからどんな対策を用意したら良いのだろう。答えは一つ。「勇気を持つこと」だ。

ほほえみを持って進んでいこう。自分にゆとりさえあれば、人を愛し、人を許し、共に進んで行けるだろう。

自分を愛し、人を愛し、世界を愛する人間になろう。

卒業記念特集　ヘビー・ライス

校長　鈴木明徴

一月八日朝、まだ外は暗い。ラッシュを避けようと思うから、なお早くなる。暖冬とはいえ早起きはつらく、寒い。もう一分、もう一分と布団にもぐる。

「ヘビー・ライス！」

突然呪文がひびく。反射的に体が動いて飛び起きる。

もう寒くもなければ、眠くもない。あっという間に支度が整ってしまう。

朝食はいつも簡単に済ます。ご飯は自動的に炊けているし、生卵とあとは夕べの残り物である。何も手をかけていないなあと、目の前の妻を見ると「起きてやっているだけでも感謝しな！」とでもいいたげな、ねぼけまなこで座っている。

「ヘビー・ライス！」

突然呪文がひびく。とたんに妻が世界一の料理人になり、朝食が大御馳走になる。（ボクのスマートさを維持させる朝食の工夫も大変なものだ）などと感謝しながら車に乗り込む。

学校へ自動車で向かう。運転も下手だし、怖い。

できれば他の交通機関を使いたいのだが、駅は遠く、バスはこの時間にはまだ走っていない。

「ヘビー・ライス！」

とたんに私は世界一のドライバーになり、安全に学校へたどりつく。

学校にも不安な気持ちがついてまわる。何か起きやしないか、ドキドキする。

学校拒否は、なにも子供ばかりの症状ではない。

「ヘビー・ライス！」

とたんに、楽しい学校が、私を待ってくれているような気分になり、ニコニコと玄関を入っていくのである。

「ヘビー・ライス！」

「ヘビー・ライス！」…………

かくして私の楽しい、円満な一日が、繰り返されていくのである。

子供の頃の私は恥かしながら非常に暗い性格であった。他人の言動をひがんでとったり、暗い方へ暗い方へと解釈したりして、他の人にいやな思いをさせてきたものだった。

当然、そんなことをしていれば、友人も近づいて来ないし、淋しい思いもしなければならなかった。

いつからか、そんなことでは自分がだめになってしまうことに気がつき、どんなことでも、自分のためにしてくれているのだと思わなければならないと考えるようになった。

どんなにつらい事に出会っても、それが自分を良くしてくれるための試練であり、他人のどんな言動も、私を良くしてくれるためのものであると。

「思い込め！」

と自分に言い聞かせ続けてきた。すると面白いもので自分の心のコントロールがうまくいくようになり、他人とも円満に生活していくことができるようになった。

この社会は、なかなか自分の思い通りにならない時が多い。そんな時の用意にぜひ、自分なりの呪文を考えてほしいと思う。

すばらしい未来に向かって翔こうとしている君達へ
USE・THE・SKY

校長　鈴木明徴

我が西高のオチャメな校長から卒業生へ愛のメッセージ。

ある朝、真面目な女子生徒が担任の私の所へ「遅刻してすみません」と言いにきた。

ところがその日は学校行事で朝から教室に生徒達が大勢出入りしていて「空を使」っていれば遅刻がどうかまったく分からない状態だった。

「USE・THE・SKY」

そこで私はこうつぶやくと、その生徒はしばらく考えていたが「本当にそうでした。遅れてすみません」といった。

今度は私の方が慌てて「どういうこと?」と聞いたら、彼女は「朝、道路が渋滞して乗っていたバスが、まったく動けませんでした。空を飛んでくれば間に合ったのに遅れてすみません」といった。

真面目な人はどこまでいっても真面目である。

最近はどうも人間関係がギスギスしている場面が多くなったような気がする。

ささいなことに傷つきやすく自分の機嫌を直させるために相手にギラギラと迫っていくのによく出会う。

生徒指導を担当していた時、中年の女性から電話があった。「私が、渡ってはいけない橋をバイクで渡ったら、貴方の学校の男子生徒が注意してくれた」というのである。

私はたまにはほめられる電話もあるのだなあと愉快な気持で聞いていたら「あの注意の仕方は何ですか、無礼な！　教育長に訴えてやるから…」

私は叱られていたのだ。

現代は管理社会といって、どんなことにも、犯人・加害者、責任者といったものを決めずにはおかない時代である。

その影響で、ちまたのできごとにも、その姿勢が表れるのは仕方がないにしても、大きな事ならともかく、単に自分を腹立たせたというだけの事に対してさえ、責任者が追求されては、社会全体がギスギスするのは当然である。

この女性は自分を腹立たせる出来事はすべて相手が悪く、教育長が罰するほどの重罪だと思っているようだが、こんな程度のことは、自分で自分の機嫌を取り直すことで終わらせるしかないのである。

そこに、人間関係のギスギスをさらりと捨て、次に向かって楽しく生きていくための、心の切り変えが必要になる。

「USE・THE・SKY」

これこそがこれである。

「空を使え！」という言葉は現代では悪い意味に使われている。大事な約束を破っても知らない顔をして平気でいたり、重大な事故を起こしても、自分のせいではないような顔をしたりすることを意味する言葉である。一番先に書いた「遅刻しても、ごまかせ」というのもそれである。（ごめんなさい）

しかし本来の意味はそうばかりではない。「何でもかんでも取り上げずに、さらりと流せ」という意味もある。

知人のちょっとした失敗を、見て見ぬふりをしてあげたり、他人との言葉の行き違いなどをさらりと捨てて、何事もなかったように明るく付き合っていく。時にはつらいことを我慢しなければならないこともあるだろうが、時が経てばその努力が、さらに大きく、円満な人づきあいを可能にしてくれるのである。

最近世界平和がいわれるようになったがその中で「平和共存」ということがある。対立する者同志が平和に付き合っていくには「両方正しい」と考えなければならないわけだが、両方正しいという考え方は、今までの私達にはなかった考え方で、まさに、「USE・THE・SKY」で接していくことになる。

さて、三年生諸君はいよいよ実社会にでることになるわけだが、そこでいろいろな壁にぶつかることだろう。

その時、この呪文を思い出してくれたまえ。

苦しかったら

「ヘビー・ライス」

くやしかったら

「USE・THE・SKY」。

西高　LONG Temps　創刊号
ボールペンの思い出

鈴木明徴

今私の使っているボールペンは、もうすぐインクがなくなってしまう。

近年、私はボールペンのインクを最後まで使うことに異常な関心を持つようになったが
これは決して戦中派のケチ精神でもなければ自分の性格からでもない。
ボールペンに対するささやかな思い出が、私をそうさせるのである。

前任校に十三年いた私は、教科課程の切り替わりといった事情などを除いてずっと一年
生の授業を受け持ってきた。

この学校では永年、授業指導学年を担任するという習慣があったため、私の担任もずっ
と一年生ばかりであった。

生徒というものは現金なもので、一年生の時どんなに面倒を見ても、卒業してから学校をたずねて来た時には、卒業時のクラス担任の所へ行ってしまう。それを横目で見ながら淋しく思ったものである。

そのため、一回で良いから三年生を受け持ちたい、進路の相談や、卒業式の世話をしてみたい、といった気持がだんだん強くなり、そんなことをつぶやいたのが上層部に伝わったのか、十二年目にして初めて二年生の担任となったのである。

あとから伝え聞いたところでは、今までのような担任制では、二年部は毎年修学旅行の世話ばかり、三年部は進路の世話ばかりなどというように行事などの負担が先生によって非常にかたよるので、その負担を均等に…という配慮だったようであるが、その時は理由などどうでも良く、三年まで持ち上がれるということで、飛び上がるほどうれしかった。一年間、ともかく新鮮な気持で頑張ったことを覚えている。

そして、その二年生としての一年間の総決算である修学旅行が三月に行われた。

奈良から京都へ、そして帰静を明日に控えての京都自主研修日、教員は一日中ひまである。生徒の尋ねそうな所を何カ所か先まわりして、宿舎へ着いてロビーでボサーっと座って生徒の帰りを待つうちに、こいつらが三年になった時、何か励みになるようなものを持たせることができないだろうかと考えた。

そのうちにちょっとしたアイデアを思いついたので、また外に出てすぐそばの文房具屋さんに寄り、ボールペン五十本と、インデックス（口取り紙）を買って帰り、インデックスにクラスの生徒名を一人ずつと、祈健闘と書いてボールペンに巻きつけておいた。

さてその夜、外出から帰った生徒全員を、点呼と称してせまい一室へ集めた。当時は三年になった時文理に分かれたため、このクラスがこれで解散することは分かっていた。

そこで別々の道を歩むことになろうとも、このクラスのことを思い、勉強に頑張ってほしい…と一言述べて、一人ずつにボールペンを渡した。

そして「良いか！　ボールペンのインクは、ヤマナシの足[註1]のような状態からメイチョウの足[註2]のようにすることが進歩なのだ。」と叫ぶ。

註1…実にみにくく長い、ということを表現する時にしばしば使われている比喩。

註2…適度に美しい短さを示す比喩。時に、何もないという場合に誤用する者もある。

生徒は納得する。そこでますます調子づいて、「お前達がこれを使ってしまったら、かわりをオレの机の上に置いておくから遠慮せずに持っていけ！　オレの資産から考えれば、こんな程度のことではビクともしないからな。」

生徒の目は、ギラギラと輝いた。そのせまい部屋にはムンムンと熱気が燃えたぎった。口数こそ少なかったが、心に期するものを持った生徒も多かったようだ。

新学期が来て私は三年に上った。はじめて卒業生を送り出すことができる…。私は新しい体験に興奮した。

新しいクラスは38HRだった。皮肉なことに、文理コースに分かれてしまったために、肝心のボールペンを渡した生徒は、わずか三名しかいなかった。

そこでまた、名前入りのボールペンを用意してこのクラスにも渡した。授業の時に、同じダジャレを次のクラスにも使うようなうしろめたさを感じたが、なんといってもこのクラスこそが、これから一年間付き合う自分のクラスである。それに一人でも多くの三年生が燃えてくれればこんなすばらしいことはない。

そこで、なにもなかったような顔をしてボールペンを押しつけたのだ。その三名の冷《ひや》かしげな顔。他人を暗殺したくなったのはこの時だけである。

しかもその時の一人はバスケット部だった。こうなったらやけくそだとバスケット部員も集めて同じことを言った。そいつは笑いを噛み殺して三本目をもらっていった。

さあ、それからが大変だった。一か月くらい経つと、使い切った者達が次々と職員室に現れて、机上の鉛筆立てに差し込んであったボールペンを我も我もと持ち去っていった。二本めからは不特定なので、氏名のかわりに「あと一点！」とか「ここから勝負」とか「苦しみの向うに勝利あり」といったスローガンを巻きつけた。

これもけっこう生徒にはウケたが、いろいろと考えつくのが大変で、同じことを書いておくと「これはこの前あったね」などと嫌味半分に選り分けて持っていく奴もいた。

学校のそばに昔から親しくしていた文房具屋さんがいた。

四月から急にたくさんのボールペンを買いに行ったので、その主人が興味を持ってくれ、事情を説明したら一本につき十円引きにしてくれた。また、芯だけをかえることも教えてくれたが、使い切ったボールペンを生徒が記念に保管してしまったために古い方を返してくれず、入れ替えはあまりできなかった。

使ったボールペンの束を大学入試へ持っていったと伝えてくれた母親もいた。

そんなことでこの学年はボールペンがひそかなブームになった。私とクラスもクラブもまったく関係ない生徒までもが職員室の私を尋ねて、何故くれないのかと言った。無論、すぐその場で仲間となった。なかなかインクが終らないのをくやしがって、ザラ紙にグシャグシャ書きをして終らせたと告白しながら新しいのを持っていく者もいた。

そして一年、皆それぞれ希望した進路へ散っていった。そして私も、彼等の進路の総括もせぬままに、同時に新設校に移り、現在にいたっている。

あれから六年、あの学年の連中からはほとんど音信もない。

あの学年の進学成績がかなり良かったということを風のたよりで知ったのだが、私のボールペンのそもそものねらいがそこにあったにもかかわらず、そんなことにこだわらなくなっている自分を発見した。

どこへ行っても良い。音信がなくても良い。あのボールペンをにぎりしめた時の明るく燃えたまなざしを持って、一生を前向きに突き進んでくれさえすればそれで十分なのだ。

そして彼らはきっとやってくれるし、今もきっとそう生きてくれているに違いない。

ボールペンを使うたびに私はそれを思い出す。そして私自身もまだまだ頑張っていかなければと心に思うのである。

今使っているボールペンのインクも、あと五ミリで終わりである。

巻頭言「分かった」と「分からない」

学校長　鈴木明徴

分からない問題がようやく解けた時、本当にうれしい気持になる。進学などの成功も、煎じ詰めれば、このうれしい気持が多くなっていけば自ずと手に入るものなのである。うれしい気持で満たされたうえに大学などに合格できる……こんな楽しいことはないと思うのだが、なかなかそうはいかない。それはうれしい気持になるまで、つまり解けるようになるまでの努力がなかなか大変で、苦痛なものだからである。だから受験勉強の第一の心構えは、楽しい成果、目標達成の喜びを信じて、当面は努力の苦しさに耐えることであろう。

そして次は「分かった」ということを厳格にすることである。分からない問題があると、だんだん飽きてきて、途中で答えを見てしまう。一つの問題にそんなに時間をかけるわけにはいかないから、それはやむを得ないのだが、大切なのは、その時「解けた」と考えるか「分からなかった」とするかである。私達は「分かった」と「分からない」の二つしかないと考えがちだが、実はもっと複雑である。「分かった」……（A）……「多分、分かった」……「分かっただろう」……「分かったような気がする」……「分かったことにする」……（B）……「分からない」等等、あいまいなのに分かったことにしてしまうことが非常に多いのである。

たとえ解けてもまだ分からないかもしれないと考える厳格さ、（A）より右側はすべて分からないとする厳格さが、本当に力をつけるもとであると知ってほしい。くれぐれも（B）から左側を分かったにしてしまうことのないようにしてほしいと思う。

そして次は、ケアレスミスを重大視してほしい。難しい問題を白紙で出すと実に惨めな気持になるのに、1＋1＝3と書いてしまったような誤りは笑って済ませてしまう。

難しい問題は教えてもらえば解けるようになるから、白紙はそんなに心配ない。むしろ脳が2と書けと命じているのに指が3と書いてしまう誤りの方が直しようのない誤りなのである。

くれぐれも慎重に自分を見直していく性格を育ててほしいと思う。

ある日の授業から

鈴木　明徴

（部屋に入る。一同挨拶。しばし雑談の後）

「そんなわけで今日は日本の水産業の問題について…

（生徒、トタンにシラけ始めるがそれにかまわず）

現在の日本のかかえている問題は、まず日本が世界の七分の一という大きな漁獲量がありながら、続けられた経営の基盤の弱さ、資本などの規模にみられる…」

（生徒　寝はじめる。畜生！　前の時間に山梨の奴め、しぼりやがったな…と思いながら…）

「例えば沿岸漁業は人口七〇％を占めるが…（生徒の七〇％はネムッテいる）その動力船の大部分は五トン以下の小型船で、その水揚げは二〇％に満たない。（授業効果も二〇％以下だなと思いつつ、次に進んでいく）

次に世界の漁業地域への依存度の問題だが、最近、日本の船は世界に進出し、それだけに乱獲が目立ち、ペルーは二百海里という領海を主張。日本漁船のダホも相次いだ…。ところでオメッチは寿司が好きか？」（皆アレッと目覚める）
「オメッチの食べている寿司の上にのっているものはどこで獲れるか知っているか？（ややのってくる）
まずエビは台湾、イクラは北洋だ。マグロは？」
（登呂！と叫ぶ者あり、満場爆笑）
「マグロは南大西洋のトロールだ（一瞬白ける）というのはウソだが南大西洋は本当だ。太平洋ではニューカレドニアの辺かな」（生徒　地図を見始める）
「タコは？　タコはアフリカのモーリタニアだ。（生徒は地図をめくるのに忙しい）おれたちがなんでモーリタニアのタコを食べなきゃならないんだ。（生徒うなずく）次にシャコはどこだ（生徒声を揃えて「ガレージ」）そうだ。それからノリは韓国、米がカリフォルニア、つける醤油の原料の大豆が中国とくれば、日本でとれる物は何もないではないか」
（ワサビは？　と言った奴があり…）
「まあ、そんな程度であとは全部輸入ものだ…」

（かんぴょうは？　と言った奴があり…）

「そ、それもそうだがあとは全部…」

（卵焼きは？　と言った奴があり…）

「卵は国産かもしれん、しかし日本のニワトリが食っている飼料は全部アメリカからの輸入だ。お前達は、卵焼きという名のアメリカの農産物を食ってるんだ。（生徒　ナットクする）それればかりではない。日本が獲っているクジラだが…（生徒ざわめく、中に「クジラの寿司なんてあるか？」と言っている者がいる）これは寿司には関係ない。バカめ！いつまでもその話では先にスシめないだろ」（生徒軽蔑的に見る。反省しつつ…）

「捕鯨は国際捕鯨取締条約が一九三一年に作られて、日本は五一年に加盟。漁期、船団数、総捕獲数等を制限し…（生徒また寝はじめる）当初はノールウェー、イギリスなど十七カ国が加盟していたが現在では事実上日本とソ連が…」（だんだん寝る者が増える）

「ところで女学生が鯨にラブレターを書いた話、知ってる？」（生徒パッチリと目を開ける）

「最近、日本の捕鯨が世界中から非難されているが、その発端はアメリカの女学生が『あんな可愛いものを日本は何故殺すの』と書いた投書だったそうだ」

（クジラって可愛いか？　百恵の方がエエゾ！の声）

「日本が獲りすぎると言ったって年間二万頭だ。ところがアメリカはウシを年間一億頭も殺し、それでも食い足りないのでアルゼンチンのウシまで殺してるんだ。クジラが可愛いならウシは可愛くないから殺してるんか！（そうだ！　の声）その運動の元を探っていくと、どうもテキサスの牧畜業者がからんでいるらしい。日本がクジラに依存している一割を越すタンパク源の肩替りをねらってクジラを制限しようとしているんだ。（インケン！の声）これは可愛い、可愛くないの問題ではなく、人類が動物性タンパク質を摂っていかなければならないかぎり、永久に続くジレンマではないのかな」（生徒だんだんたいくつな顔になる）

「もし、ジャングル大帝のレオならば、だ…」

（生徒トタンに機嫌を直す）

「クロレラを大量生産して動物同士が殺し合わずに済むような平和な国を作ることも可能だろうがネ…。

ともかくテキサス業者につけこまれないためにも、鉄腕アトムに出てくるようなクジラの牧場なんかも考えなければならないのだろうよ」

（生徒　尊敬のまなざしで見る。「読んでる！」の声）

「大胆に挑戦しよう」

校長　鈴木明徴

ある会社の社長が、その会社の中枢ともいうべきコンピュータの取り扱い責任者に、コンピュータをまったく扱ったことのない普通高校出の青年を指名したという話を聞いたことがある。

その会社にはコンピュータを学習してきた大学出も多数いたそうだが、社長から「やってみないか」と言われた時、皆「その機種を扱ったことがないから」といって断ったそうだ。

そこで思いあまっての問いかけだったのだろうが、その青年は、なまじ、なにもやったことがなかったからだろう。「面白そうだからやってみよう」と引き受け、見事にその責任を果たしたという。

現代は日進月歩の時代、どんな裕福な大学だって、新しい機種が出るたびに、それを交換することができるはずはない。したがって現代は、もはや教えられた通りのことが生かせる時代ではなくなってしまったのである。

とすれば、逆にその青年のように、どんな難関にも大胆に挑戦し、乗り越えようとすれば、どこまででも進むことができる。

私が興味をもったのは、その青年が、普通高校内のどういうところでその「大胆な挑戦」という気持ちを持つことができるようになったのかという点である。

普通高校の勉強は、とかく社会に出てから直接役に立たないものが多いといわれている。多少役に立つものもあるのかもしれないが、一番役に立っているだろうと思っていた大学のコンピュータ学習までもが、役に立っていなかったのだということになると、普通高校には、いや職業高校も含めて、高校の勉強は、社会のためにほとんど、直接には役に立っていないといえるのかもしれない。

高校のすべての学習に共通していることは「分からないことが、分かるようになった」「できないことがやれるようになった」という喜びである。それが直接、生活や社会に役立つかどうかなどには関係なく、この喜びが高ければ高いほど、それが大きな支えとなって、さらに未知なことへ挑戦するようになっていくのである。

高校教育は、直接役立つことを与えるというよりも、「分かるようになった喜び」「できるようになった喜び」を培うことによって、未知なものへさらに挑戦する気持ち、難関に対しても尻込みせずに向かっていく気持ちを育てていく。その面で社会に貢献しているのではないだろうか。

横高生諸君、学校内外で、「分かった喜び」「できなかったことができるようになった喜び」を持とう。

そして前向きに、未知なことへ、自分にはできるはずがないと思っていることへ、どんどん大胆に挑戦して行こう。

「女のくせに！」「女の子でしょ！」

小さい頃（太平洋戦争の最中）、近所で男の子が生まれた。集まってきた近所のおばさん連中が「男の子でよかった」とか、「お手柄、お手柄」などと言っていた。私はまだ小さくて、男尊女卑など分からなかったから、「女の人たちなのに、なんで男の子で良かったのか」と感じたものだった。

同じ頃、近所にとても活発な女の子がいた。何をやらせても一番で、特に木登りが上手だった。

近くのお宮の境内に、町中を見渡せる大きな楠の木があり、私が下の枝で四苦八苦している時、彼女ははるか高い所まで登っていた。ところがある日彼女の母親が通りかかり、彼女を見つけて大声で彼女をおろし、強く叱った。理由は「女の子でしょ！」であった。それ以後、木登りで遊ぶ時、彼女だけは登らなかった。淋しそうな顔つきで下から見上げていた姿が今でも思い出される。

小学校へあがって間もなく戦火が厳しくなり、父の田舎へ子どもだけで疎開した。終戦でまた静岡市へ戻ったので、三つの小学校へ通った。その学校にも優秀な女子がいて、いたずら小僧たちはコテンパンにやられたが、彼らがいつも切る最後の切りフダは」「女のくせに！」だった。

「女のくせに！」「女の子でしょ！」この言葉は女性の能力を高めるための言葉ではない。

「女のくせに！　なんでそんなにやさしい大学ばかり選ぶのだ。東大へ行け！」とか「女の子でしょ！　なぜもっと男の子をやっつけて、クラスを牛耳らないの！」などというふうには使われない。

女性たちはずっと「女のくせに！」と男性たちから頭を押さえられ、「女の子でしょ！」と女性らに足を引っ張られて生きてきた。これらが女性の発展にどのくらいブレーキとなったことだろうか。

さて、かくいう私は今日まで「女のくせに！」を言ったことは一度もない。父はかなりの「男尊女卑者」だったらしいが、兄弟の上三人が女性だったり、母の死や戦争のために兄と私だけが田舎へ疎開したりして、家族のしつけめいたことはまったくできない大混乱の中にいたために、かえって「女のくせに！」などという場面を知らずに育ってしまったのである。この世に「男尊女卑」が存在するのを知ったのは大人になってからで、先入観なしに大人になれたことを嬉しく思っている。

女子高である三島北高へは今年から勤務するようになったが、その前の三年間も静岡県中部地方にある藤枝西高という女子高にいた。男女共学か女子高かという議論もあったが、私流にいうなら男女共学校なら男女平等を学べば良いし、女子高なら今まで男性たちによって動かされてきた社会のノウハウを、学校という小さな社会の中で女子しかいないという利点を生かして学べば良い。

むしろ、男女共学が完成品と考えて、その中に生じている男女不平等を検討しようとしてないことの方が問題である。中学三年の時極めて優秀だった選手で、高校に女子部がなく、競技を諦めたり、男子部のマネージャーで終わった人たちを私は限りなく知っているのである。

差別をなくしていく時の最大の敵は、差別されている者がそれを感じなくなった場合である。

特に男女差別は「努力しなくて良い」「向上しなくて良い」「適当に生きていれば良い」のだから快適である。しかしそれは淋しい。特に高校生にとっては、無限の可能性がある。「女だから」といったブレーキを自分に絶対かけることなく、人生に挑戦していってほしいものだ。

学校改革のヒント（十九）　気持ちの切り替え

幼少の頃、家庭内に色々あって、私の性格は他人の思惑を考え、おどおどと暮らしていた。そんな私の本性は一生変わる事はなかったが、その受け止め方は色々な生活体験によって驚くほど変わった。そのきっかけは3つあった。

（ア）家の中のことに関わることが嫌になって、自分だけの幸せを考えた事。グレずに生きたのは、周りの人のアドバイスのおかげ。

（イ）スポーツ、特にバスケットに熱中できたこと。

（ウ）結婚して考え方が広く、冷静になったこと。

中学から大学までのバスケットは、無我夢中で、むしろ逃避的な感じさえしたが、本当にバスケットから成果を得たのは教員になってからのことであった。

私は教員になりたての頃、静岡教員バスケットチームに入っていた。レベルは高くはなかったが、それなりの緊張感は十分あり、全国大会に何回か優勝を果たしたが、その間の緊張に耐える習練は、自分を成長させるのに、大変役立ったと思っている。

まず第一は自分の心構えである。決勝戦の前夜など、なかなか眠れない。そんな時自分に言い聞かせる。「どんな最悪の条件でも、自分だけは持っている力を十分に出しきろう。そうすれば後は、仲間を信じるしかない」これで安心して眠れるのである。

そして第二は試合会場で思うことは「仲間をトコトン信じる」ということである。仲間がどんなに大きなミスをしても「今彼はそれしか出来なかったのだ」と思い込むとすぐ次のプレーに入ることが出来る。このお陰で、今でも仲間を信じて生きていくという人生観を持ち続けて、生活できるのである。

そして第三は試合中どんな不利な状況が起こっても、動揺してはならないし、動揺した素振りも見せてはならない、ということである。動揺した態度によって、回りの人は、さらに浮き立つからである。冷静な雰囲気が、正確なプレーを生むのである。

こうして苦しい修羅場を何回も潜ってきたことは、私の人生の大きな自信となった。

その時の苦しさからすれば、どんなことでも何でもない。一番苦しいことを知ってしまった私には、暗い顔をする場面が全くなくなり、人が言う苦しさを分析する余裕さえ持つに至っているのである。

そしてその態度は一般の生活にも応用できる。職員室でも安定した雰囲気でいれば、仲間は安定してくれるだろうし、職員室からピリピリした雰囲気がなくなれば、生徒の方も非常に明るく、人なつっこくなり、良い雰囲気になっていくのである。

出会いを大切に

校長　鈴木明徴

この四月に着任しました鈴木明徴でございます。前任者と同様、ご指導の程よろしく願います。

私は人の出会いというものが、本当に大切なものだと考えて、生きてきました。転勤は新しい仲間を作る大切な機会だと思います。

三島北高は、私が教員になって以来、九か所目の職場となります。

しかし、私は最初に勤務を決めた学校を除いて、あとはすべて、他人（県教委）の命ずるままに動いてきました。

一見、それは他人に自分の運命を左右され、振り回されてしまっているように見えているかもしれません。

しかし、もし異動先を、自分の考えで勝手に決めることができたとすれば、気の弱い私は、きっと私のことを良く知っていてくれる人達の多くいる所ばかりを渡り歩き、甘やかされながら、仲間の輪をドンドンせばめて生きてきたことだろうと考えるのです。

仲間の輪を広げるということは、未知な人達と、まず知り合わなければならないわけで、その機会を与えてくれるのが天命なのだ、と考えているわけです。

さて、私が最初に就職したのは静岡市内の私学の女子校でした。

そして県立に異動して、この地の中心校、ついで希望に燃えた新設校に行きました。この三校で合計二十三年間、いずれも静岡市内でしたから、通勤は短時間で快適でした。

私は今までに単身赴任をしたことはありませんでした。家族のことなど考え、多少遠い所でも、通うことにしていました。

最初の遠距離通勤校は、大井川中流にある川根高校でした。

家から約六〇キロ、山がちで道路事情が悪いので電車通勤でした。

JR金谷駅から大井川鉄道で約一時間。今までが近かったので大変でしたが、車窓から見る初夏のはじけるような緑、盛夏の清流、秋の紅葉など、本当に楽しいものでした。

ただ、冬の車輛には暖房の効いている座席が飛び飛びで、始発に乗ったらすぐ、その座席を探し回り、見つけたら大仏さんのように動かずに座っていったのも、懐かしい思い出です。

この生活も二年で終わり、県教委、焼津へ二年ずつの勤務を経て、次の遠距離通勤は横須賀高校でした。

東部の人達にはあまり知られていませんが、この学校は、掛川駅から南へ一〇キロ。落ち着いた城下町で、四月の大祭が有名な所です。

我が家から通うには自家用車しかないので、運転はあまり好きではないのですが、六〇キロを毎日車で通いました。ラッシュを避けるとだんだん出発が早くなり、七時半ごろに着いてしまい、開門時間前で、手前の広場でひと休みということもしばしばでした。

この生活は三年続き、次の三年は藤枝西高でした。ここは家からわずか十四キロ。大変楽をさせてもらいました。

そして今回は三島北高。距離的には今までで一番長距離です。

しかしながら一昨年から、新幹線通勤が公的に認められ、遠距離であることが、かえって私にとって有利になりました。本当に感謝しております。

私の勤務はほとんどが中部で、西部は三年、そして今回は東部と初めての体験ですが、これで全県くまなく勤務したことになります。

このことを本当に感謝するとともに、残された日々を生徒のためにがんばりたいと思っています。

鈴木　明徴（すずきあきよし）

昭和12年静岡市生まれ。県立静岡高から東大理学部へ。
卒業後、昭和36年から私立静岡雙葉高校教諭。昭和39年から52年３月まで静岡高校、52年から７年間静岡西高、その後２年間県立川根高校。63年からは県立焼津中央高校 教頭、その後、県立横須賀高校長、藤枝西高校長、県立三島北高で校長を歴任。定年退職後、平成10年４月から13年３月まで財団法人静岡県青少年会館事務局長を務めた。平成16年４月から20年３月まで八幡聖母幼稚園勤務。

週刊メイチョウ　～高校生と共に～

令和３年９月18日　　初版発行

発行者　　鈴木　宣子
発売元　　静岡新聞社
〒422-8033 静岡市駿河区登呂3-1-1
電話 054-284-1666
印刷・製本　藤原印刷株式会社

ISBN978-4-7838-8032-5 C0037